사라진 포도월

사라진 포도월

임은주 시집

시인의 말

    아플 때 슬플 때 그리울 때, 글을 만났다. 어딘지 모르고 가는 길에서 길이 생겼다. 어려움에 처할수록 좋은 글을 쓰며 이겨내라 기다려주신 스승님, 그리고
  나의 하나님께 부끄러운 허물이다.

    산다는 것, 지나간 모든 것은 슬픔이다. 죽음을 향해 가는 누구나가 이 길을 피해가지 못한다. 다만 새로 맞닥뜨리는 슬픔을 갈아입으면서 한 걸음씩 주어진 길을 걷는다.

    걷다가 만난 개안開眼이 되어 준 소중했던 인연들의 부축에 감사하다.

2020년 포도월

임은주

차 례

● 시인의 말

제1부 경운기를 부검하다

갯골 솟대 ──────── 12
경운기를 부검하다 ──────── 14
사라진 포도월 ──────── 16
동박새 한 쌍 ──────── 19
답장 사이로 ──────── 20
잠에 승선하다 ──────── 22
오솔길에 흰 자작나무 ──────── 24
목소리가 둥둥 떠다니는 계절 ──────── 26
폭설은 어쩌면 흰 뼈 ──────── 28
18세 ──────── 30
봄밤의 세수 ──────── 32
아버지를 지우다 ──────── 34

제2부 파밭으로 너울너울

멸치들은 어른이 되고 ──── 38

오월, 오동도 ──── 40

달팽이 ──── 42

묵을 보면 받들고 싶어진다 ──── 44

즈믄 ──── 46

오령五齡 ──── 48

철없는 태엽 ──── 50

세탁일기 ──── 52

복숭아 향기는 둥둥 ──── 54

파밭으로 너울너울 ──── 56

단지 ──── 58

오이지 ──── 60

제3부 부축

파랑새는 없다 ——— 64
버려진 꽃다발을 안다 ——— 65
겁 ——— 66
기러기 매미로 울다 ——— 68
끝날 때까지 아프리카 ——— 70
부축 ——— 72
이사 ——— 74
물든다는 것 ——— 76
포도원 ——— 78
사각지대 ——— 80
안녕이란 동행 ——— 82
기상도 ——— 84

제4부 별은 그렇게 태어나는 거란다

별은 그렇게 태어나는 거란다 ── 86
물의 잠을 위한 아르페지오 ── 88
열일곱 ── 90
불타는 이글루 ── 92
점자 읽는 밤 ── 94
백접白蝶 ── 96
오래된 그릇 ── 98
모자母子 ── 100
귀만 죽었다 ── 102
아내의 마흔 ── 104
먹구름 온 후 ── 106
手巾 ── 108

임은주의 시세계 | 고봉준 ── 112

제1부
경운기를 부검하다

갯골 솟대

청둥오리, 노랑부리저어새, 검은 물떼새, 황조롱이 혼 같은 솟대들,

유치원 차량에서 내린 노란 어린아이들을 내려다본다 모새달, 퉁퉁마디, 나문재, 칠면초 자라날 때같이 "나요나요" 하며 솟구친 새싹이다

봄빛 푸른빛에 싫증 난 댑싸리가 갈아입은 빨간 옷을 내려다보는 물거울 속 황조롱이

나는 선·경(미), 미·옥(경), 미선, 경숙, 옥녀 이런 이름 사이에 있는 것 같은 행복감으로 빨갛게 홍조가 핀다

소금창고 지나 바닷물 대신 논물 댄 수로 가운데를 그네들이 따라 헤엄쳐 온다

가을빛으로 충만한 물속의 은총들같이, 그네들의 조부들같이 가릉가릉 가래 끓는 소리로 시름시름 소금창고 옆을

밀며 걸어가는 가시렁차* 같이, 쇠갈고리 연이은 쇠바퀴 위로 두꺼운 널판때기를 놓던 화차의 기억같이 시간을 잊은 숫대 청둥오리가 물속을 물끄러미 들여다본다 수리조합 물 담긴 데부둑 속에서 가시렁차 바퀴 소리가 퍼져 흐른다

  까르르까르르 물 텀벙 치는 얼굴들이 밖으로는 나올 생각이 없는가 보다

* 가시렁차 : 시흥 장곡동과 포동, 월곶동에서 집하지까지 수로 대신 소금을 실어 나르던 기관차.

경운기를 부검하다

그는 차디찬 쇳덩이로 돌아갔다
움직이지 못할 때의 무게는 더 큰 허공이다
돌발적인 사건을 끌고 온 아침의 얼굴이
피를 묻힌 장갑이 단서를 찾고 일순 열 손가락이 긴장한다
여기저기 흩어져 있던 망치와 드릴이 달려들어
서둘러 몸을 빠져나간 속도를 심문한다
평생 기름밥을 먹은 늙은 부검의와
주인 앞에 놓인 식은 몸을,
날이 선 늦가을 바람과 졸음이 각을 뜨는 순간
그의 흔적이 남아 있는 진흙탕과 좁은 논둑길이 나타난다

미궁을 건너온 사인死因에 집중한다
붉게 녹슨 등짝엔 논밭을 뒤집고 들판을 실어 나른
흔적이 보인다 심장충격기에도 반응이 없는 엔진
오랫동안 노동에 시달린 혹사의 흔적이 발견되고
탈, 탈, 탈, 더 털릴 들판도 없이
홀로 20,000km를 달려 온 바퀴엔
갈라진 뒤꿈치의 무늬가 찍혀 있다

가만히 지나간 시간을 만지면
그 속에 갇힌 울음이 시커멓게 묻어나온다
소의 목에서 흘러나온 선지 같은 기름이 왈칵 쏟아진다
임종의 안쪽에는 어느새 검은 멍이 튼튼히 자리 잡았다
길이 간절할 때마다 울음이 작동되지 못하고
툴툴거린 흔적이다
죽어도 사흘 동안 귀는 열려 있다는 말을 꼭 움켜쥔
얼굴의 피멍이 희미한 눈빛부터 쓸어내렸다

이제 습골拾骨의 시간이다
정든 과수원 나무들이 마지막 악수를 청했는지
뼈마디마다 주저흔이 보인다고
기름 묻은 손이 넌지시 일러주었다

사라진 포도월*

　그날 아침, 면사포에는 반짝이는 눈물도 산안개도 흰줄딱새의 그림자도 파닥거렸지 고목에 기대섰던 삽도 고분고분 흙 밖으로 뻗은 잠잠한 뿌리에게 무릎을 맡겼지 포도를 밟으면 까만 발톱을 삐죽 내밀고 가을이 왔지 덩굴 숲이 서쪽 강줄기 따라 연둣빛으로 흘러왔어 거미집 물방울이 자라고 검은 거미는 몸속 피를 다 쓸 때까지 방적돌기를 돌려댔어

　검은 물방울들이 익어갔지 물방울은 처음엔 빨갛다가 점점 시신경이 터지고 결국엔 검은 실을 뽑아냈지 그건 후문後聞의 꽁무니를 다 빼내는 일이었지 태풍이 오면 풍성한 크림을 익혀야지 마음먹었지 폭염이면 톡톡 튀는 산도를 얻을 생각이었고 이정표도 없는 푸조 앞 유리에 몹쓸 비[雨] 주름을 달랠 생각이었지

　그러니까 포도원지기의 부친과 포도월이 몽땅 사라진 허무의 이야기야, 지혜의 왕과 술람미 여인이 들고 있는 와인잔 속에서 선명해지지

포도원 구릉을 떠돌 거라면 이 거미줄을 타고 가요 오크통의 기하학적 무늬를 배우는 거미들과 넉넉한 오크통, 잎 속의 살을 붓고 실핏줄이 삭기까지 비닐 목에 빨대를 끼웠지 그 구멍으로 가을 달빛과 개간한 앞산 바람이 빠져나가기를 기다렸지, 면사포 날아가듯 여섯 살 어린 조카 영혼도 포도원과 함께 빠져나갔지

포도를 밟으면 보라색 레이스가 치마마다 달렸지 누구도 보지 못한 충만한 예배당 종소리만 모아 면사포를 장식하던 계절이었지

배두인의 장막빛 피부를 지닌 술람미 여인 같지, 수풀을 걷고 온 사과나무 남자도, 포도원지기도 신神을 신었네 검은 포도즙 때 박힌 열 손톱을 새벽 별이 시기했지, 아이 때도 신神을 신은 신부, 신을 신는 자가 어미의 아들에게 헛된 미움을 입었지, 사과나무 남자도 어미의 아들에게 헛된 질투를 입었지 포도원은 지키지 못했지 면사포의 신부도 지

키지 못한 노래, 실패한 포도원의 노래

  스무날의 첫 연인은 포도원지기였네, 천생연분이었네 가계家系의 이력을 내 나무에서 제 나무에게로 따르고 있네 따라오고 있네, 찬 찬 잔을 들어 건배하며 그루터기에 징검돌을 놓네

  * 백로에서 추석 사이의 이십여 일을 우리는 포도월이라 불러주었다.

동박새 한 쌍

아내는 남자의 귀가 되어 반평생 전화를 대신 받았네
남자는 아내의 눈이 되어 전화번호를 대신 눌렀네

집에 전화를 해 아버지가 받을 땐
내 눈 먼저 캄캄해지고
어머니가 받을 땐 귀가 먹먹해졌네

귀가 눈이 되고
눈이 귀가 되는,
동박새 한 쌍

함부로 발자국을 옮겨 둥지를 떠나고 싶을 때마다
동쪽의 눈먼 밤이
서쪽의 귀먹은 아침이 반반씩 울음을 섞어
빈 나뭇가지에 울고 있네, 휘휘 찌르찌르 클클

담장 사이로

 지친 포도송이가 노모의 눈을 베끼는 날, 무더운 여름 편지를 보낸 날이 소낙비로 쏟아지고 젖은 하루는 바짓단을 걷어 올린다 노모의 포도밭 이랑에 젖은 꽃들이 불어난 물에 둥둥 떠내려가고

 내 기도가 포도밭에서 기어 나온 길고 긴 봄과 여름 사이, 그 사이를 가로질러 귓속으로 지나가는 열차 소리는 포도 넝쿨손에 잡힌 빗소리 답장이었다

 구겨진 지전처럼 지붕 낮은 집, 중얼거리는 당신의 말을 국숫발인 양 꾸역꾸역 목으로 넘기던 집, 잇대어 놓은 베니어판 대문 밖 야윈 포도송이의 한 생애가 저물어가고

 오래 드러누운 노모의 눈물은 눈동자 속 저수지에서 언제 터져 나오나 내 몸을 태어나게 한 맨살을 포도송이처럼 맞대어 비벼보지만

 노모의 손목에 매어 둔 노끈이 힘없는 검은 줄기로 변소

를 헤매던 오후, 바람 없이도 삭아 떨어지던 잎사귀들

  산모퉁이 옆집 욕창을 따라 당신은 가망이 없고 집배원이 바뀌고 힘이 빠진 내 오른손에 잡초는 무성하고 뼈들이 툭툭 불거지고, 목소리를 내는 직업의 나는 떼어먹히는 목소리 값마저 물려받고,

  밭고랑을 따라 감자꽃이 피고 파란 하늘이 감자알 속으로 들어가고 고구마 줄기들이 엉키고 땅속이 부풀어 비좁아지고 내 기도 줄기에는 지친 답장들이 주렁주렁 매달렸다

  간절했던 야곱처럼 신과 겨룬 한때가 열두 살 포도나무 그루터기로, 또는 감자알의 흰 등燈이 걸리던 그 안쪽 탯줄을 댈 씨눈 웅덩이로,

  걷었던 바짓단을 내리고 깍지 낀 손을 풀고 일어나 기지개를 켜던 그해 여름, 삭은 눈꺼풀 아래 물기 어렸다 본 적 없는 신이 천둥 허물 듯 방울방울 답장으로 쏟아졌다

잠에 승선하다

밤마다 잠을 갈아탄다
어미 품에 안겨 칭얼대는 저 아이가 가고 싶은,

주소도 없는 곳이 있다
열쇠가 없어도
문이 사라져도 빠져나올 수 있는 방
눈을 뜨는 순간 지상에서 사라지는

최대치의 압축이다. 갈래머리 열 살이거나 스무 살로 부활하거나 죽은 아버지도 살아오는

우물물에 떠다니던 구겨진 내 얼굴을 펴 주거나 구조하는 손에 올라오며 툭툭 방울지던 물기를 자랑삼아 생방송하거나 잠은 뼈 없는 투명한 손으로도 목숨을 위협하는 유령이어서, 사람이 하늘을 날 수 있고 아찔한 벼랑에서도 뛰어내린다

이국어와 숫자로만 입 모양을 쏟아내는 잠

지나간 나와 미래의 헤드램프에서 나와의 충돌을 최소화한 흑백의 하이브리드, 내가 그린 안개 속 아스팔트 위의 바퀴 자국처럼 사라진다

수없이 솟아나는 판도라 속 씨앗을 주워 먹고도
허기지는 면역억제제
꼬리가 잡히지 않는 것처럼 그림자도 없다

안개 속에서 동쪽을 묻는 해바라기의 춤, 어지러운 스콜만 들여다보다 누렇게 뜬 얼굴이 기면嗜眠이란 샘으로 들어간다

잘못 날아온 내 얼굴을 닦으려고 오늘도 선장도 없는 잠에 승선한다

오솔길에 흰 자작나무

　오솔길에서 흰 자작나무를 벤다 죽은 할머니가 다녀간 아침엔 모두 제 눈알들을 확인했다

　아버지는 동이 트기 전 일어나서 달거리가 없는 딸을 위해 낫을 갈았다 일곱 자루 중에 네 번째 낫날에 달이 걸리곤 했다 눈은 보기 좋은 것들만 본다고도 했다 그 눈에 보기 싫은 사람이든 귀신이든 들어오면 잠시 제 눈을 잃어버린다고 했다 엄마의 눈을 빼내 간 할머니, 내 눈에 할머니만 보이지 않는 것이 이상했다

　백열등 아래 흰 꽃을 달였다 베잠방이에는 그을음과 매운 불 냄새가 묻었다 그해 아랫배를 쥐어뜯는 첫 신호에 건드리기만 해도 쏟을 듯한 만월, 큰 집 가는 산기슭 흰 여우도 입을 헹궜다 했다 달이 차면 차오를수록 자작나무들은 숲 깊은 곳으로 숨었고 좁은 발소리를 따라 오솔길은 구부러졌다 쉬었다 했다

　눈은 너무 보기 싫은 일들을 씻어낸 두 손바닥 속에 숨고

먼 곳까지 가서 소금 우물을 빌려온다 오솔길을 뒤적이며 자작나무를 흔들어 달을 턴다 아버지의 낫질도 흰 숲을 베어낸 검의 노래들도 모두 흰 점으로 떠나 아득해지는, 보기 싫은 사람의 눈이 된다 했다

   나는 할머니의 눈을 종종 빌렸고 보기 싫은 사람을 안 보이게 눈을 고치는 재주가 있다고 했다

목소리가 둥둥 떠다니는 계절

미루나무 그늘이 긴 마을의 꼭대기 집, 노파가 3초마다 한 번씩 고개를 주억거리며 누군가를 불렀다 누군가를 부르지 않아도 달아나던 여자가 뒤를 돌아보며 반대로 달렸다

희부윰한 불빛은 작은 대문 사이로 흘러나오지만 노파의 남자는 문 안에 묶인 발을 문밖으로는 한 발자국도 떼어놓지 못했다

상승기류를 타는 불빛이 변소를 하늘로 끌어 올리느라 시커먼 연기가 지렁이처럼 볏단의 배 속을 헤집으며 솟구치고 있었다

노파의 근심스런 목소리가 내 목구멍에서 흘러나왔다

― 애야, 네 집 두고 왜 추운 변소의 볏짚 헛간 안에서 잠을 자니?

눈을 들어 하늘을 보니 수직을 이용하는 폭설이 무릎까

지 차오른다 독수리 부리처럼 뾰족하고 따가운 눈송이가 변소 지붕을 뜯는다 꽉 끼인 볏짚 안에 두 다리 사이로 바짝 고개를 누르고 잠든 짐승,

    촛농처럼 움직임을 잃은 내가 그 꿈속에 있었다

    화염이 지나간 후의 어깨와 팔과 무릎을 뚫고 검은 철사가 꾸물꾸물 삐져나오는 풍경이 아팠다

    노파가 닿지 않는 손을 뻗으며 울부짖었다

    — 애야 어서 기술을 배웠어야지, 글씨만 쓰면 밥과 떡을 벌 수 있니? 꼭 끌어안은 화구畫具의 붉은 물감이 지붕부터 활활 먹어 치우는데 어미가 어찌 편히 눈을 감아…

    꿈인 듯 잠인 듯 허공을 우는 폭설 속에서 목소리가 둥둥 떠다니는 계절이었다

폭설은 어쩌면 흰 뼈

　간밤에 폭설이 내렸네 왼쪽 어깨를 허물고 양초의 심지를 지탱하던 촛불처럼 무너졌네 어디선가 떠내려온 하얀 맨발이 자정을 걸어 다니고 밤의 나라가 눈 녹듯 부드러운 모국어母國語로 문을 열었네

　힘센 흰 손이 지난밤의 어둠을 모두 데리고 가네 바람을 거슬러 오른 눈들이 허공의 분쇄기 속을 돌고 어지러운 여행자는 이생의 모든 일을 깜빡, 잊어버리네

　눈[雪]은 하얀 말, 눈[眼]은 검은 말, 서로 다른 말들은 파란 빛으로 타고, 말의 발자국은 가지런히 침묵의 문을 밀고, 거세게 타오르는 화로 쪽 흐린 엄마의 눈동자로 들어가고

　오래전 눈의 초점을 잃은 엄마가 눈동자 밖에서 눈발 되어 창 안을 들여다보네 죽었다 다시 살아나도 딸들은 해내지 못할 일, 화염에 뛰어들어 건져 낼 어린 것 보듯, 담배를 빨며 빈 눈을 쓸어내리던 죽은 엄지손톱마저 검은 재와 섞이네

불은 눈꺼풀 내린 폭설의 비밀한 횡격막,

엄동에도 얼지 않고 녹아내린 발들이 검은 불의 혈관을 통과했네 눈 밝은 말발굽 소리가 삼나무 숲으로 생이 다 들어가고 외할머니가 갇혔던 폭설 속으로 달려가네 고였던 눈물들이 실타래로 풀려나네

기다림에 지친 사람들은 산으로 간다는데 엄마는 오직 흰 뼈를 내게 보이려고 폭설을 불러냈네 바람은 흰 재와 친교親交를 맺은 안간힘으로 멀리 산골 눈부신 귀퉁이를 허무네

지친 말이 설국을 오래 헤매다 돌아온 건 가족의 감옥을 훨훨 하늘에 풀어보는 눈발의 방식, 오로라 빛 블랙홀을 통과해 나온 한 줌 엄마 무게를 버린 눈발 되어 겨울의 심지 끝으로 날아가네

18세

— 2015년 4월 16일의 날씨를 기록하다.

푸른 달 옆으로 비정상의 검은 달이 동석했다
오래된 지난달, 지난주 그리고
어제 오전 10시 17분 푸른 달의 눈이 감겨 있다

   푸른 달의 항해일지엔
   검은 가위가 표시되어 있다

가위는 때때로 얇은 잠을 자른다 요의를 느끼지만 풀어 놓을 때가 없어진 구름들이 빈 방문을 똑똑 두드린다 이 푸른 달은 검은 달을 물리고 언제부터 빛이 될 것인가 구름의 불룩한 방광 속에서 여행 가방들이 해류를 타고 리아스식 해안에 닿는다

   햇빛이 꺼지고 빗줄기가
   단발머리로 내린다

신들에게 마취제를 투여하던 검은 달은 좌초되고 물속까지 쌀쌀한 봄을 실어 나르고 있다 캄캄한 하늘을 엄마에게

옮긴 손을 왼손은 모른다 꿈속의 눈물은 꿈 밖의 베개를 적시고 단발머리 빗줄기가 가늘어지고 검은 달은 여전히 인양되지 못하고 있다

  속속들이 스며드는 이백오십의 물방울이
  검은 달의 귀를 찢는다

구름 한 귀퉁이가 곧바로 머리 위로 무너졌다는 속보가 뜬다 세상의 모든 총구들이 검은 달의 왼쪽 가슴을 겨냥한다 눈물을 자르는 눈꺼풀*을 외면하는 얼굴들이 숨어 있다 먹구름만을 뜯어먹는 까마귀 떼와 눈 아래 산골짝을 다녀가던 하느님의 스콜이 멈추었다

  저기 부리가 붉게 뱉은 흔적들,
  유리창 밖 까마귀의 날갯짓에 불이 붙는다
  타닥타닥 노을에 옮겨붙는다

* 함민복 시인의 시집 제목.

봄밤의 세수

한 번 길을 잃은 봄의 시력은 얼마일까 그해 몰래 뛰어든 볍씨가 숨기 좋은 그늘에 싹을 낸 후 다른 이들의 이목을 피한 풀밭으로 봄이 걸어와도 여자는 혼자 환하게 캄캄하게 언덕 쪽으로 저무네

세숫대야 속의 달에게 가려 닭똥 같은 땀방울이 눈물, 콧물과 섞이네 얼굴을 놓치며 물의 계단이 계단에게 묻고 있네

목련은 제 그늘을 찾아 앉아 있는데
혼탁한 홍채에 달무리가 번져 봄은 흐리고

달려 온 안부는 보름 동안 곡기를 끊어
이렇게 가뿐하게 허기에 업히는 슬픔도 있네

오죽烏竹들이 마디 하나를 더 늘릴 때마다 작은 대들보가 큰 건물 지탱하듯 대나무 마디마디가 캄캄한 길을 물었네

점점 목이 길어지는 달빛, 눈 감은 봄밤을 실어 나르던

목련은 낮인지 밤인지 모르는 엄마에게 자주꽃빛으로 괜찮다, 괜찮다 하네

   여자는 등을 통제할 힘이 떨어지고
   풀어진 달빛이 노모의 눈 속으로 들어가
   문질러도 맵지 않은 눈알들이 세숫대야에 가득하네

   대야의 물이 더는 당신을 비추지 않아
   매운 비누질에도 전혀 따갑지 않은 이상한 봄밤이네

아버지를 지우다

　노모가 적막 속으로 걸어 들어갈 때 통증은 고스란히 안방 경대의 몫이네 자꾸 기억을 놓치는 노모에게 거울은 과거로 열린 문, 네 아버지가 왜 죽어, 저기 아랫목에 길게 누워 있구먼

　저 경대 속으로 어떻게 들어갈까
　토방 위 자명종 시계의 목을 비틀면
　서리 내린 아버지를 불러올 수 있을까
　샛문에 걸린 아버지의 노린내 나는 털벙거지 속,
　쥐며느리들이 아버지의 귀를 파먹네
　나무 대문 지나 돌계단에 신을 벗네
　댓돌 아래 아버지 털신이 작은 발을 품었다 놓아주네
　안마당과 뒤란이 일곱 살 어린 발자국소리에 귀를 여네
　안방에서 간간히 새어 나오는 기침 소리
　기침 소리 한 종지 받아먹고 잠이 든 날은
　신발을 찾다 학교에 늦는 꿈을 꾸고는 하네
　소풍 전날 신겨준 빨간 구두를 끌어안네
　잦아드는 시계 소리 거울 뒤편에서 구불구불

구부러진 아버지 기어 나오네

거기 누워서 왜 여태 어머니를 붙드시는데?
거울 속 아버지를 박박 지운다

제2부

파밭으로 너울너울

멸치들은 어른이 되고

그 작은 몸 안에
눈 코 입 등뼈가 다 들어 있었다
딱 몸에 맞는 크기로

몸만 한 배를 타고 바다로 나간 삼촌이
멸치가 되었는지도 모르겠다 했다

바다의 맥박이 뛰면 은빛 멸치는 떼 지어 뭍으로 오고
늦봄 탱자나무 울타리 안으로 몰려왔다 했다

은빛 멸치 상자로
집집마다 한나절 꽃이 피고
왕소금은 눈처럼 하얗게 내리고

스승께 무공해 맛귤 상자를 받고 울었을 때처럼
오늘 거제 은숙 언니가 택배를 보내왔다

그 짭짤한 바다는 매 끼니 귀한 양식이었다

검은 고무줄로 칭칭 돌려 봉인된 기다림이 열리면
비릿한 바다의 향기가 코끝을 적시고 입에 군침이
돌았다

육즙까지 다 빼주고 뼈마저 물크러진,
그 조그만 것들은
모두 한 덩어리로 엉켜 바다를 밥상에 풀어놓았다

우리는 바다의 뼈를 먹고 키가 자라고
엄마의 뼈를 먹고 어른이 되었다

그때 꼬맹이들 몸속에도
파도를 다스리고
먼바다까지 끌어올 놀라운 내일이 들어 있었다

멸치처럼, 작은 그 몸에

오월, 오동도

세상은 이곳에 와서 눈을 씻고, 주머니에 새의 노래를 담아간다

바닥도 꽃철이다 붉은 나무의 뼈로 기록한 이렇게 아름다운 문장을 보았는가 하룻밤이라도 이 긴 문장을 해독하며 이곳에서 묵어갈 때마다 살아 있는 죽음이 황홀하다

소금기 묻은 햇살과 파도의 싱싱한 쪽빛 무릎과 상추에 싸 먹을 만한 풍경을 정어리 쌈에 곁들이며

바람이 나무들을 점호하는 밤,

섬은 가물가물 멀어지는 통통배 소리에 젖는다고 했다 철썩 파도를 베고 잠이 든다고 했다

이 도시의 명물인 다리를 건너 먼바다에서 부메랑처럼 돌아와 봄은 가지마다 붉은 알을 슬더니,

부화를 기다리던 동백 숲은 허공에 꽃을 낳고 또 한 번 바다을 치장하고

　소금기 묻은 봄볕에 멸치 떼가 몰려오는 소리 오월은 붉은 심장을 나뭇가지에 걸어두고 절벽으로 걸어가고

　섬은 또 푸른 숲을 낳는다 늙지 않는 동백의 어미들, 동백기름으로 자르르 윤이 흐르는

　이곳에선 나무들도 문패를 단다 나무의 말을 물고 방파제로 날아가는 작은 새 한 마리도 먼 수평선도 모두 가족이다

달팽이

뿔은 어지러운 식성이다
위급할 때 뿔로 맹수를 찌르는
집요한 식성을 보았다

창백한 뿔은 가장 온순하고 불안한 송곳니다
어금니가 입천장을 뚫고
머릿속을 지나서 구불구불 튀어나온 뿔
키 작은 관목 지대를 머리에 얹고 다니는
무리의 만능키 같다

저의 그림자에도 자주 들키는
맹수들의 잠복
화들짝 놀라는 구球를 열고
날카로운 이빨을 들이미는 저 행위는
자물통 안의 똑똑한 금속들이
치밀한 계산 끝에 안착하는
열쇠의 원리 같은 것이다
석류의 속처럼 물렁한 베어링이 가득한

야생의 본능이 찰칵, 열리는 소리

닫혀 있는 집의 현관을 열고
흐린 날씨를 연다
축축한 기름기가 반복하는
개폐開閉 의식

잠겨 있는 자두나무 그늘을 연다
한해살이 사이엔 기어이 열리고 마는 자물통들이
꽃을 열고 씨앗을 담근다
신발도 신지 않는 예민한 촉수에게
푸른 겉잎의 지도는 함락당하겠다

묵을 보면 받들고 싶어진다

간밤에 농익어 떨어진 소란들, 버섯, 복숭아
안개 지워지기 전 아침마다 주워오셨다
일곱 살 덜 여문 머리를 콩, 쥐어박으며
바지 호주머니에서 꺼낸 도토리 몇 알

할아버지가 아버지의 신혼살림을 맨손으로 내보내도
큰형이 언덕배기 포도밭을 몰래 가져갔어도
작은 형이 황산 너머 금싸라기 무논을 날렸어도
두 딸년이 뭉텅뭉텅 농작물을 먹어 치워도
여섯 대접 물을 부은 물속의 도토리처럼
묵묵히 나이테를 늘렸다.

세 번의 시술 끝에 장루*에 찬 변을 치우는 내 손
묵묵히 바라보다가

— 묵 한 사발에 막걸리 사 먹게 삼천 원만 삼천 원만,

한 호흡만 한 홉을 드렸을 뿐인데

십일조 모으듯 열 밤이 지난날
수면제 열 몇 알과 한 대접 막걸리 털어 넣고
도토리처럼 잠드신 아버지

순천향병원 응급실에서
형들한테 묵사발 욕으로 얻어터진 내 손을
묵직한 사발 물려주듯 감싸 쥐셨다

물끄러미 무저항의 목을 내밀던
추도식에 오른 묵을 볼 때마다 싸한 이 소름은,
산을 통째로 주고 떠나신 묵의 기억이다

* 인공 항문.

즈믄

까만 밤들이 눈 감는 시간
맹인의 눈에서 빠져나간 홍채들은 지팡이를 쥔 별이 된다

검은 안경이 여자의 손에 의해 더듬더듬 무대 위로 인도된다 그의 손이 60촉 전구처럼 환하게 켜진다 달팽이관이 나팔꽃 넝쿨처럼 무대로 뻗어갈 때 밤의 얼굴에 입김을 불어 넣던 귀 밝은 손가락들이 소리의 커튼을 젖히고 있다

기타 줄을 유영하는 천 개의 손가락들

그의 손끝에 천 개의 달이 뜬다, 천 개의 눈이 달 속에 검은 음과 밝은 음을 앉혀두고

흐느끼는 손가락마다 그믐이다
달빛 속, 눈먼 노모가 하얗게 서 있다

손끝으로 밤을 세공하는 직업은 천개의 눈 속에서 신의 답을 찾아내는 한 방식이다

불 꺼진 남자를 만날 것이라는 점괘를, 어느 노래에서 들었고 밤을 모르는 눈이 나를 보고 싶다는 전언傳言을 가사로 받은 적이 있다

연주를 마친 그는 악보를 찢어 관객들에게 시간을 환불하고 관객 속의 아이는 잠을 찢어 엄마를 환불한다

검은 안경 속 캄캄한 백지 위에도 즈믄 달이 뜬다

오령五齡*

짙은 그늘 쪽으로 머리를 조아리다
밤마저 하얗게 새어버렸다

진흙과 살을 맞댄 주름
어제와 오늘을 다 살아 낸 말매미 왼쪽이
오른쪽을 끌고 가는 오령五齡 태엽
그 긴 울음을 온몸에 걸쳤다

한 목에서 울음과 웃음이 번갈아 나오듯
귀들도 여름을 지나면서 지쳐간다
첫 입술을 떼어줄 때부터
울거라, 울면 측은한 귀가 생긴다

가지마다 내민 다른 활주로는 다섯 개의 태엽
속수무책의 적자嫡子는 속수무책을 잘 읽는다
더 이상 어쩔 수 없어
오므린 입 모양으로 말을 아끼다
날개 밑으로 붕붕 공회전하는 울음을 배웠다

건고한 책은
어둠을 기술한 책
깊은 알약을 매만지느라 닳아버린 잠

제 허물을 통독하느라 조아린 머리,
웅크린 등을 들썩일 때마다
여름은 공명통이 부푼다

한때 나비 벌 풍뎅이들
두둑한 찬바람에 속이 텅 비었다
더듬더듬 시린 손끝을 운 엄마도 텅 비었고

흙은 허공의 빈 이름들만 받아준다

* 누에가 네 번째 잠을 잔 후 고치를 짓게 마련한 섶에 올릴 때까지의 사이.

철없는 태엽

한쪽으로 풀리는 계절은 곤충들의 습성이 투명하다
세상에서 가장 간절한 싸움을 칠 년 동안 감고
며칠 동안 푼다
나무들은 소음 민원의 내용으로 고발된다
그렇지만 저것들은 나무의 건전지
딱, 거기까지 풀리고
포르르 날아가는 매미들을 통해
응답의 안쪽을 날아다니는 귀를,
얄복 나루의 아홉을 불러온다

나무는 울음의 우화를 그늘로 덮을 뿐
뒤틀리고 휘어지고 옹이 진 목소리에 대해
말해주지는 않는다
간혹, 불 꺼진 거실에선 숲의 나뭇가지로 수런거린다
변변한 새의 이름도 못 얻어 거실 천장에서나
방충망에 깃든 빗방울처럼 악을 써보는
벗어 놓은 허물 또는 흐르는 그림자

감긴 반복의 한쪽 울음이 그치고
무거워진 책갈피 속,
나무들도 덩달아 기도의 악기가 된다

초인종 소리가 끊긴 문밖의 적막이
우화를 위해 일제히 태엽을 푼다
완성된 고요가 나무에 든다
상심한 연주자의 독법으로 녹슬지 않는다

나무의 몸에 저의 소원을 적느라,
온 힘으로 움켜잡고 붙어 울던 매미처럼
환도 뼈 우지끈 풀어내어* 울던
태엽이 길었던 여름

* 야곱이 브니엘을 지날 때 천사와 겨루어 이겼는데, 그 대가로 환도 뼈가 부러져 다리를 절었다.

세탁일기

첫 돌 안 된 새끼를
절벽 위로 물어 올리는 엄마 곰과
드럼 연습하는 아이는 같은 음표다
스틱과 드럼 사이에서 32분음표가 튄다
아이는 물방울을 치고
음표들은 꼬리지느러미와 가슴지느러미를 세탁한다

우리 집 세탁기도 왼쪽과 오른쪽을 나누어 돌고
급히 빠져나가던 접혀진 완력들이
배수구 앞에서 거품산란을 한다
자전하던 몸은 회전축을 따라가며 물기를 뺀다

세탁기의 소란이 말라갈 즈음,
 물 담긴 고무 함지박을 건너뛰는 고양이 울음이 핸드벨 바람과 섞이고
 물빛의 반사로 부서지는 하얗고 노란 소란들,
 나는 어느새 미끄러지는 햇살 속 엄마의 다듬이 소리로
 풀어지는 마당을 돌아 나온다

다시 TV 화면에선 사막의 뿔도마뱀이
눈의 피톨을 찢어 천적에게 쏘아붙인다

돌아가는 세탁기 속으로 양말이 뛰어드는 속도로
빠른 엇박자 밖으로 튕겨져 나가는 아이
양말 뒤꿈치에 묻혀왔던 아이 고집,
문지를까 삶을까 잠깐 고민한다

반듯했던 비누가 조각 뼈로 닳아지고
끊어질 듯한 고음의 내 목소리,
입 밖을 못 나가도록 전원을 끈다

습褶을 방치할 때마다
소리만 둔탁한 스틱인지 음표인지
세탁이 끝난 아이의 되돌이표가 돌올突兀하다

복숭아 향기는 둥둥

　엄마를 빠져나온 여섯 얼굴들, 요강 둘레에 다 모여 앉았네 세상을 등진 두 오빠도 둥둥, 방 안 가득 떠다니는 지린내를 지우려 복숭아 통조림을 팡팡 따네 엄마 입속에 물컹한 살점 한 수저 들어가네

　엄마를 혼자 둔 채 일 나갔던 날 반경 일 미터도 안 되는 문간방과 화장실 사이, 엄마 손을 노끈으로 연결했네 빈집에서 변소 찾아 헤매던 엄마, 온몸에 노끈을 친친 감고 장롱 서랍 열고 오줌을 누셨네

　— 나는 옆집 아줌만데요, 옷소매 푹 젖은 이 사람은 누구?

내 목소리를 더듬던 엄마

　— 아녀, 안 속는다, 니가 막내지, 누구여!

엄마는 정신줄 돌아온 귀로 사람을 읽어내는 것도 잠시다

— 우리 둘째도 이제 서른이여!

　오십 줄 작은 오라비 걱정이 서른에서 멈췄다 서랍 속 기억이 푹 젖는 동안 코를 움켜쥐는 손들, 서랍이 아주 어긋났다고 열리지 않는 엄마, 복숭아조각을 오물거리던 입에서 죽은 두 오빠가 튀어나오네, 검버섯 뒤덮인 엄마가 다시 덜컹거리네 아아, 복숭아 시취는 둥둥

파밭으로 너울너울

장대비에 파밭이 넘어지고 있다
낟알이 눈 속에 터를 잡고 씨앗을 틔운 여름
어머니는 앞을 잃었다
못 보는 말일수록 깊이 찔린다
보름을 곡기 끊고도 더 비워낼 것이 있다고
전답문서 형에게 모두 뺏기고 돌아온 거친 말에
눈으로 못 울어 무릎으로 울었다
더듬어 밀어놓은 밥상
따뜻한 밥 아랫목에 다시 묻고
남은 울음 속주머니에 깊이 넣어두었다

인삼밭도 잘 매던 어머니가
유독 파밭에서만 허둥대며
눈에 까만 파 씨가 가득하다고 자꾸 눈을 비빈다
풀 대신 찢어지는 파 잎에도 눈물샘은 꿈쩍 않고
대파밭, 쪽파밭 다 일군 어머니
내 눈을 주고 가마
시아버지의 약속은 칠백 평 밭고랑 파처럼 쑥쑥 뽑혔다

무릎 꿇은 밥상 앞 약속은 소나기처럼 지나가고
대궁에서 매운 냄새만 피어올랐다

마흔 해 전 세상을 놓은 시아버지와
바람 같은 말을 참 많이 주고받아
하얗게 센 머리로 더듬더듬 파밭이 뽑혀 날아간다고
혀를 끌끌 차며 너희 할아버지 오신 거 보인다고
어머니 또 담배 한 대 물고 파밭으로 넘어간다

단지

우리 사는 아파트 단지에도 옛날처럼 목련은 피고
내 머리털에 흰 꽃 뿌리 뻗었다

단지를 거닐다가 찾아드는 생각은 단지斷指,
볕 좋은 땅에는 아름다운 사람들이 살아서
어김없이 4월은 오고
수많은 머리카락과 손을 숨긴 바람이 간지러웠다

깍두기와 고추멸치 볶음과 오이소박이는 안성맞춤 익고
엄마는 대야에 밥을 이고, 나는 막걸리 주전자를 들었다

모내기 철엔 멀리 갔던 근친들이
자주 빈집을 소리 나게 하고
아이들은 무서운 장난이 무언지도 모르고
손가락을 잃었다

코를 파는 검지와 엄지, 멀리 코딱지를 날리는 중지 옆에
인지만 굼떠서 소여물 옆 작두날에 날아갔다

일곱 살 사촌 인지가 아궁이에서 팔딱이며 붉게 흐를 때
오십이 다 되도록 홀아비인 도~도도 그~근이 아재가
울음을 들쳐 업고 읍내로 내달렸다

도근이 아재께 돌을 던진 아이와 코를 틀어막고
등을 보이던 미선이
검정 고무신 한 짝과 단지를 감싸느라 찢은
흰 러닝을 수거해 왔다

얼룩덜룩 러닝에 새겨진 무늬는
빛나는 땅에 핀 꽃을 감싸기에 충분했다

오이지

　철렁, 강물의 울음소리가 두 항아리에서 환청처럼 새벽을 깨웠다 소금 먹은 오이지를 심학규가 제 딸이 떠난 추운 바다 거품 떠 있는 강물에서 젖은 몸 건져 올리듯 형과 내게 검은 봉지봉지 싸매어 주는 엄마 꿈을 꾸었다

　가위눌리거나 오늘처럼 도시락 꾸릴 일이 있을 때마다 어서 서두르라는 신호 같기도 해서 다행이다

　제 속에 소금을 두어 화목하라던 엄마처럼은 안 살겠다 하면서도 밤 동안 건져놓은 소박이용 오이와 무, 배추겉절이를 무친다 두부를 소금 간 한다 더덕을 손질한다 묵을 쑨다 더덕처럼 끈적이는 엄마 손들을 떼어낼 수가 없다

　주기적으로 몸이 먼저 찬을 만들다 보니 새로 담은 김치들을 제 자리에 넣을 때에야 까맣게 잊었던 오이지를 버린다 엄마의 지청구가 자주 늦다

　꺼내고 버리고 또 담근다

오이지 좀 꼭 짜달라고 바깥에게 부탁의 말도 못 한다 제발 엄마처럼 미련하지 좀 말라는 바깥이 잠든 새벽, 눈물 짜내듯 세탁실에 쪼그려 앉았다 한 개, 또 한 개, 오십 번을 물꽃 피워낸다

　새벽 동안 만든 찬은 자식 입에 다 들여보내고 찬 오이지 물에만 밥을 말다 오그라든 엄마,

　손바닥에 남은 한 방울의 여운마저 버리고 온몸이 녹아 배수구로 가버리는 엄마

　나는 이제 오이지를 만들지 않기로 한다

제3부

부축

파랑새는 없다

　새 한 마리 찌르르 울음을 흘리며 포도밭을 지나가네 독초로 뒤덮인 목책 안으로 들어설 때면 코끝부터 취했네 먼저 도착한 한 마리 새, 부리로 즙을 찍어 눈이 밝아졌다는 소문이 돌았네

　J 시에서 온 그 새는 심장을 빼서 지하창고에 두고 기름을 붓고 불을 댕겼다지 사냥꾼의 올무에서 나온 지 얼마 안 된 맹조로 저잣거리에는 역병이 번졌네, 포도알이 계집애 젖 몽우리 만할 때부터 조금씩 죽어 가던 새, 내가 한 일은 그 새를 버려두고 도망친 것뿐

　발칙한 파란색을 바라고 온 그 새, 애써 숨기지만 폭우 내리던 밤, 역류로 맨홀 뚜껑이 절로 열리네 한 박자 반, 한 박자, 반 박자, 점점 빨라지네 앵무새 한 마리 멀어져 가네

　애인이 왔었어요, 늑대가 왔었어요, 늑대가…, 안녕 파랑새

버려진 꽃다발을 안다

저만치 피어날 때가 향기였다 죽음을 완성하기 위한 저 몸짓, 물속으로 산소 호흡기를 꽂는다

행사장 밖으로 던져진 꽃다발을 주웠다 장미, 맥박을 가져왔다

뒤는 버리고 정면만 바라보는 수많은 말들을 웃음 하나로 고집한 저 얼굴, 물소리가 무거워진다 젖은 신발 속에 갇혀 웃음을 피워내야 한다 온통 허방인 다리가 후들거린다 겹겹, 꽃잎이 한 줄 문장으로 흘러내린다 갇힌 혀가 하루를 다 적신다

1호선 전동차, 일렁이는 물속을 힘주어 딛는 다리, 정물처럼 굳은 얼굴들 사이, 품속 가지의 파동으로 손목에 무게가 실린다 모르는 거리에서 내밀하게 이끌어 준 손, 언젠가 내게도 기울어진 왼쪽을 품어준 이가 있었다

겁

　눈앞이 캄캄해진다는 말

　낮에 본 사람들로 내 눈 캄캄해질 때 있다 밤에 오는 별들이 어둠으로 인도할 때 내 눈 밝아진다

　사람과 사람 사이 깊고 큰 강이 있어 벌어진 골도 별빛은 포도 숲 할매나무 안자락에 아무런 나를 뉘인다

　나의 나 된 것은 멀리 눈 뜬 어둠에서 온 것 가까이 감은 낮은 나를 겁의 세계로 끌어낸다

　밤은 용기를 연습할 시간을 펼쳐놓지만 낮을 발돋움해야 간신히 엿볼 수 있는 발목만 내준다

　밤에 뜨는 눈물로 슬픔과 불행에 젖었고 말렸고 흔적이 남았다

　낮이 주는 겹겹의 겁으로 체하고 회복하고 체하고 침묵

하고 밤을 복용한 후라야 가라앉는 겁,

자주 체하는 버릇은 늘 낮의 겁에서 나온다

기러기 매미로 울다

 황무지에서 금을 캐낸 바닥이 몰려왔다 몰려간다 애매미 등이 갈라지고 또 하나의 울음이 날개를 퍼덕이려는지 깊은 적막이 다시 부풀고 있다

 달리는 차 안에서 세 시간 넘도록 허공에 엎드린 등, 잠든 등의 아래쪽 바닥에서 얼굴까지가 구만리다 바다 건너인 듯 벌서는 양손, 앞 좌석을 부둥켜안는다 푸흡 푸우 되새기는 후회가 연신 새어 나온다

 모친의 부고에도 아내와 삼대 독자獨子인 아들마저 타국에서 오는 길을 끊었다 전화선 너머의 음악 연주만 경쾌하게 배경을 깔고,

— 누구나 결혼은 선택해,
누구나 끝까지 가는 건 아니죠

 그즈음부터 악몽은 큰 입 벌렸다 눈을 감을 때마다 등과 허벅지 정강이를 뭉텅뭉텅 베어냈다 집 안의 전기는 환하

지 않았고 옥상 위 빨랫줄 아래엔 기러기 똥만 쌓여갔다 슴슴한 국물 냄새와 도마소리가 있어야 할 부엌 안쪽엔 인기척이 자취를 감추었다

 별거가 배신한 구두코 위로 토사물과 눈물과 피 묻은 콧물이 창자를 끊어내듯 연신 흘러나온다 사내는 공기처럼 들이켠 소주 때문에 커다란 소리 속으로 빠진 꿈 안에서 숨을 쉴 수가 없다

 지구 몇 바퀴를 돌아온 듯한 데시벨의 노래기기만 부르짖는 밤, 노랫말 같은 태엽을 돌리는 게 인생이라고 스피커 음이 귀청을 찢는다

 ― 일어나~ 일어나~ 다시 한번 해 보는 거야
 ― 일어나~ 일어나~ 그래 한번 해 보는 거야

끝날 때까지 아프리카

그림자 둘
가는 목으로 길어지다가
두 마리가 나란히 무리에서 걸어 나오는 일
그림자로 장악해 버리는 해의 농간을 한 쌍으로 보면
오해,

도전자 수컷이 먼저 오래 산 기린의 상체를 후려친다
오래 산 수컷도 젊은 기린의 상체를 후려친다

도전자 수컷이 다시 오래 산 기린의 상체를 힘을 다해 후려친다
오래 산 수컷도 다시 젊은 기린의 상체를 최선을 다해 후려친다

서로의 목이 부러질 기미가 없자
두 그림자는 서로의 무기를 바꾸기로 한다

도전자 수컷 먼저 있는 힘껏 오래 산 기린의 엉덩이를 후

러치도록
　오래 산 기린이 양보한다
　해도 지쳤는지 중천에서 멀어져 물러나 있다

　오래 산 기린은 젊은 기린의 근육질 엉덩이를
　온 힘껏 후려치지 못했다
　젊은 수컷이 후려친 공격에 오래 산 수컷 무릎이 풀어져
무릎을 꿇는다

　도전자의 즉위가 가까울 듯 빗물 웅덩이가 몰려온다
　재생될 마른 땅이듯 나뭇잎은 더 촉촉할 것이고
　긴 목이 지평선을 바라볼 때,

　오래 산 수컷이 도전자의 안쪽 다리를 후려친다
　오래 산 수컷이 젊은 수컷의 아랫배에 일격을 날린다

　잘 자란 힘만으로도 왕이 될 수는 없다
　끝낼 때까지 끝난 것이 아니었으므로

부축

태어난 병원에서 퇴원해 본 적 없는 어린 것들이 겁먹은 불안에 익어버린 두 눈으로 제 부모의 심장으로 근심을 던진다

7월의 구름만큼 몽글몽글한 장을 15센티 잃은 갓난아이, 제 부모 식사 시간엔 견뎌내는 얼굴로 지켜보아 주지만

몸을 건드려 주렁주렁한 기구들을 갈아 줄 땐 이상스런 악을 써대며 달려오는 계모처럼 병원의 밤을 한낮으로 뜨겁게 달구기도 한다

5년 전에도 10년 전에도 17년 전에도 아이들은, 업어줄 때에야 그친 울음 끝에 색색거리는 숨소리로 잠에 든다

1번 침대에서 6번 침대까지 공평하게 업어주고 싶지만 누워만 사는 아이들은 어느 시기에나 목을 못 가눈다

매미만큼만 큰 울음이 소원인 여섯 살 의종이도 60센티

의 키와 종잇장 목소리로 목을 못 가누고 바라만 본다 간幹이식 치료 후 업어 달라 했지만 2주일을 채 못 버텼다

　가난보다 무서운 병 앞에서의 부축은 병이 빼앗아간 식사를 이웃과 나누어 쓰는 시간이 식사다

　친자매보다 더 많은 정보가 오고 가는 울타리를 걷어 낸 병실, 충혈된 어미의 눈 속 개인 감옥만 깊어간다

이사

가지들이 잘려 나간 들판을 두고 이삿짐을 다 싣고도 발을 떼지 못하는 트럭,

잘려 나간 포도나무 가지를 삼태기에 뉘여 옮기는 아버지

— 죽지 않을 거다 베어졌을 뿐이란다
두툼한 온기로 어린것 어르듯 나뭇가지를 추슬렀다

이삿짐 트럭이 포도나무 집을 다 먹어 치운 뒤에도 달은 집터를 어둠으로 잠그고 무거워진 달은 자주 도시의 맨홀에 빠졌다 그사이 꺾꽂이를 간 포도나무가 일곱 살이 되었다

겨울 포도원에서 온몸을 뒤튼 채 병원으로 실려 오신 아버지, 똑! 똑! 3초마다 한 방울씩 수액을 흘리는 포도알에게 콧줄을 타고 귓속을 들락거리는 죽음과 머릿속에서 자라던 검버섯이 확대되고

— 애야! 내 안에서 자라던 고목은 이미 죽었구나!

아버지의 머리맡으로 웅크린 포도원이 잠든 아버지를 끌고 걸었다

머리카락처럼 하얗게 쉰 내 목소리가 튀어 나갔다
— 포도나무는 그냥 둬요 제발, 가져가지 말아줘요

죽음이 망치를 감추며 떠난 아침, 밤새 침대보에 쏟은 졸음을 손등으로 닦는데 작은 아이는 외조부의 맨발에 자기 양말을 벗어서 신간다

꺾꽂이 묘목들을 키워내느라 긴 잠에서 돌아온 아버지 회복실을 더듬던 손이 언 땅 풀리듯 움찔거린다

물든다는 것

릴리트의 전신을 끌어안은 채
시선 하나가 나뭇가지 사이에서 욕망해요

사과를 여는 것은 이빨이에요
열린 사과에는 부드러운 이빨이 있는 것 같지만
사과 속에는 가지런한 뱀이 있어요
사과는 분명히 뱀의 취향이에요

호기심은 눈을 들추는 일이에요
무안해진 눈이 나뭇잎에게 할 일을 줘요
끄덕이는 의사 표현은 아담의 머리에서 생겨났어요
이브의 귓속에 바람을 불어넣고 기다려요
잠과 쌍둥이인 세이렌Seiren의 반주를 따르거나
둘이서 또는 혼자서
뫼비우스의 꼬리를 끊어 먹는 일로
사과는 여름마다 뱀을 키워요

풀은 방해하고 풀밭은 푹신해요

여자는 풀물이 들고 남자는 전염되죠
비에 젖은 기억을 불러오죠
혁명을 부러뜨려 여섯 베일을 허물 벗는 살로메
허기로 앓은 부드러운 재의 이야기는
다른 입 속에 숨어들어
수다스러운 춤으로 다시 태어나요
몸 밖으로 돌가루를 흘리던 이빨
강함은 부드러운 혀보다 오래가지 못해
입속 아래 위
한 쌍의 똬리를 틀고 있지요

해 질 녘 백 개의 눈이 칼자국이 되는
피리 소리에 춤추는 잠자리의 숲엔
나뭇잎들의 귀만 커지고 있어요

포도원

수포가 퍼진 손으로 어떤 풍경을 그렸다
개중에는 사람이 만들지 않은 곳들도 섞여 있었지만
소녀를 몰아 비탈을 완성했다

어떤 씨앗은 목을 간질이지
목에서 싹이 트고 그 목을 꽉 막아버리지
그리고 포도의 주소로 편지가 배달되어 왔다

몽돌 해변은 밤새 간지럽다고 스페인풍의 좁은 골목을
걸어서 왔지만 스페인엔 가보지 못했다고 애도를 뒤틀어
씨앗을 톡톡 뱉어낸다고 잎 뒤로 바람이 숨는 계절이라고
모자에서 장식들이 자라 즐겁게 자란다고
허리가 풍성한 나무 아래서 애인의 허리를
부러뜨렸다고

수면을 와작 씹어서 퉤 퉤 뱉으면
똑같은 태양이 뜨고 포도원은 일정한 계절
나무를 필사한 이쪽 도랑에서

저쪽 끝까지 보라색 그늘의 죽은 색
오래된 마을로 첫 단추를 찾아왔다고 편지가 끝나고
백 년을 서 있던 다리는 나무로 굳을까 자꾸 뒤틀었다

사랑은 없고 어떻게 구토만 올 수 있지?
유리병을 깨고 구애를 꺼내기라도 했나
여름을 뒤틀면서 포도들이 일정하게 익어가고

당신이 가짜 새라는 고백의 헤드라인 아래, 야수파의
색으로 터진 꽃들을 되돌려 보내려 해변을 섭외한다
눈이 빠지는 것들의 기록으로 비탈을 그리고 있다
휴면기를 지난 모자를 벗어놓고 어떤 색을 칠할까
일정한 포도들에게 묻는다

계단식 언덕 아래 몽돌을 읽는 윤슬이 착해졌다
해변을 털고 있는 새
간지러운 씨앗으로 익어가는 포도원

사각지대

영양실조로 죽고 병원도 못 가서 죽고 일하다 소처럼 늘어져 죽고 발목에 쇠줄을 달고 원목 채벌에 동원되다 죽고 입이 있어도 벙어리로만 살아야 하는 사람들의,

이 모든 얘기들을 바로잡으려고 진정서를 올렸다가 죄인이 된 우리 할아버지, 강가 나룻배를 몰 때 손등에 쇠바늘 낙인이 찍힌 얘기 해주던 뱃사공 우리 할아버지가 말했어요

— 강가의 산 너머 동쪽 나라에는 어떻게 닿을까 누구나 가고 싶은 그 나라에는 왜 가야만 할까

쇠 회초리 자국을 등에 남긴 할아버지는 동쪽을 말할 때만 힘이 났어요

수용소를 지키는 철조망을 빠져나가고도 녹지 않는 눈이 저 산마루처럼 할아버지를 꽁꽁 얼렸대요

열흘을 굶고 꼬박 당도한 동쪽 나라는 이미 동쪽 나라가

아니라는 엄마 말이 사각지대에 다시 갇혔어요 빈곤 가구의 위기 발굴 대책은 재개발 임대아파트 창문을 넘지 못한대요 아름다운 새들이 몰려와서 벽을 모두 구멍 내는 마법 같은 건 TV 속에만 사나 봐요 사각지대라 불리며 여섯 살을 안고 죽은 여자는 우리 엄마, 엄마 품에서도 추워서 나는 내 목소리마저 껴입어요 서쪽 나루터의 저문 해만 우리 할아버지 닮은 피를 쏟겠지요 머리에도 가슴에도 멀어지다 가까워지는 총성이 폭풍 속에 갇혔어요 다만 살아남기 위해,

　국경에서 죽은 우리 할아버지 식으로 저 산 너머 동쪽으로만 목숨을 걸었다는데요 눈 뜨고 못 보는 즐거운 2019년의 사각지대,

　전기도 관심도 끊겨 생일 이전이 된 태초가 된 방

안녕이란 동행

바람이 분다 시월의 마지막 아침바퀴가 돌기 시작한다 해 질 녘의 화요일이면 좋을 것이다

자전거 바퀴 도는 속도만큼 빨라지는 심장, 바퀴보다도 먼저 속도에 익어 도착하는 심장,

무궁 무궁 무궁화, 무진장하게 꽃 핀 길로 중세어 시간이 바큇살에 올라 따라와도 좋을 것이다

네게 닿으러 가는 한적한 길, 너는 쏟기 직전의 석양처럼 물들고, 바삭이는 낙엽마저 비켜서는 거기 돌 틈 사이, 귀가하는 실뱀마저 사랑스러운 오늘

아무도 모르게 중세로 접어드는 길, 너만 아는 길 더는 아무것도 의미가 아닌 안 보여서 다행인 길 안녕! 이렇게 생각이 나는 무궁화 꽃길 안녕, 빗방울 같은 거 오지 않아도 우산은 늘 펴져 있는 그 벤치 위

너의 마지막 말이 마주 잡힌 두 뺨의 눈 속을 흐르며 출렁이지 숨결 밖으로 박수치는 솜털들 춤추듯 만져지는 목소리, 침묵에 들어 있는 두 눈

더 무얼 바라

사랑 아니면 슬픔, 떼어 냈어도 자전거 바큇살 자국처럼 우리에게만 남아 있는 기억, 무엇이든 굴리면 되는 것에서 오는 반복, 아니면 또 무슨 상관일까

그리운 안녕에게 안녕, 이별한 적 없어 만날 것을 아는 말로,

사랑해 사랑해 우리의 안녕

기상도

　가만가만 팔을 뻗어 목을 감으면 사랑이 치밀듯 오동꽃 피겠다 꽃을 생각하는 마음이 깊어지면 빗줄기는 봄의 중심을 파헤친다

　여름으로 내달리던 백야의 창원행, 버짐나무 가지 위에서 빗방울이 자지러진다 월터 드 마리아*가 장치한 외딴 들판의 400개 금속 막대, 어깨를 내어준 피뢰침으로 너는 서 있었지 번개, 푸른빛이 얼굴을 지나갔다

　운명이 결정될 줄 알면서 두렵지 않았다
　마주 보면 눈이 먼 듯 놀라운 밤이었어
　너라는 버튼을 언제 또 누를지는 알 수 없어
　오늘 밤, 오늘 밤이 지나면

　서로의 몸 안에서 흐르던 대전帶電
　빛과 소리의 속도 차가 없는 저문 오후,
　거부할 수 없는 충격파가 지나갔다

　* 월터 드 마리아, '번개 치는 들판(1971~1977)'.

제4부

별은 그렇게 태어나는 거란다

별은 그렇게 태어나는 거란다

솜털에 싸인 어린 포도알이 나무의 배 안에 있었을 때 농약 입자에 컴컴하게 저물어버린 아버지 그 그늘을 딛고 갈수록 탐스러워지는 포도알들

진한 보르도액에도 흰 가루 벌레가 구멍 속에 알을 낳아 캄캄한 구멍 밖으로 쏟아져 내린 포도알들, 석회황합제 시기를 놓친 잎사귀가 입덧으로 하얗게 떨어졌다

아픈 포도산이 빠져나간 자리에 포도당이 주입되고 침상에 묶여 혀에서부터 흰가루병이 번져 기침을 할 때마다 거즈에 묻어나는 백색 입자들, 오므린 배 옆으로 냈던 장루는 묶음 풀린 바람의 흉터로 남고 소변이 흥건한 침대보를 세 차례 갈아입히며 간밤에 수많은 별을 보내고도 가지런한 크리스마스의 아침

백화 핀 언덕에 안개크림을 바르며 오빠가 말했다
— 언덕배기 포도밭은 집터 위 공장장 이 씨 손에 넘어간단다

뿌리가 약한 아버지를 어느 요양원에 심겨드려야 하는지 바람 든 잇몸을 놓치고 깊숙한 서랍에서 잠든 틀니처럼 포도밭 고랑에는 이미 기름 묻은 녹물이 둥둥 떠다닌다.

포도나무가 제 몸의 빛을 모으려고 진통하는 밤 분무 안개에 흠뻑 젖은 두 발목을 포도밭에 심고 아버지는 휴면에 들어갔다

포도송이로도 빛날 수 없었던 시간들이 수만 평 밤하늘에 주렁주렁 거꾸로 매달릴 때마다 한별, 또 한별의 고른 치열로 뿌옇게 빛나는 은하

— 아가 조금만, 조금만 더 노래를 불러주렴 넝쿨손들이 목책을 훌쩍 뛰어넘는 밤이야, 흰 돌 박힌 눈을 씻어 낼 어둠이 없었다면 애써 별들의 죽은 휴면을 어떻게 흔들어 깨우겠니?

물의 잠을 위한 아르페지오
― 세월호 100일 후, 백건우의 추모 독주회가 있었다

이것은 구명조끼의 아랫단을 묶고 나란히 피아노 속으로 걸어간 메아리들에 대한 이야기

제1의 조명탄이 반복적인 아르페지오로 이름을 부른다 제2의 조명탄이 트릴로 따라간다 제3의 조명탄이 물 위에 손을 얹고 밤바다를 어루만진다 제4의 조명탄이 찾지 못한 이름에게 도와 시 사이 솔과 파 사이의 검은 눈물을 닦아낸다 제…… 10의 조명탄이 누구도 함부로 잊혀서는 안 된다고 물의 지문을 센다 아가야 내 아가……. 제50의 조명탄이 물비늘 빛나는 보름사리의 먼 바다에까지 이름을 찾는다……. 제100의 조명탄이 흰 갈기로 일렁인다……. 제200의 조명탄이 닿을 수 없는 잠으로 곤두박인다……. 제300번째 조명탄 아래 깊게 눌린 검은 건반이 마지막 이름을 부른다 어둠 속에서 뒤척이며 한껏 멀어진 양손을 건반 한가운데로 모은다……. 제304번째의 조명탄이 오른손으로 사랑의 죽음*을 연주하고 왼손으로는 풍랑을 쓰다듬는다

영혼들의 격랑이 창백해진 물보라로 일어선다 수평선 너

머 선율이 날개를 펼치고 몰려온다 물의 건반과 한 몸을 이룬다 건반 위로 오른 울음들이 물의 울타리를 무너뜨린다 제주 제7항구로 내달리는 유속이 빨라진다 산맥처럼 몰려든 터지지 않는 울음, 물의 흰 건반이 일제히 물 위로 치솟았다가 내려앉는다 해저 수만 마일 아래 갇힌 발목들을 인양 중이다 다 못 읽힌 악보가 다치지 않도록 겉봉투를 뜯는 세심한 파문, 파문들 심해로부터 이끌려 나오는 빛의 날갯짓, 회오리치던 조류와 수평을 맞춘 피아노 선율의 밀물이 긴 잠의 귓전에 가 닿는다

  상현달이 양의 뿔처럼 밤하늘에 걸린다

* 바그너 곡을 리스트가 편곡.

열일곱

아이는 어두워집니다, 햇빛을 끄지 말아 달라 했습니다

오늘은 바다의 합동 기일忌日입니다

기우뚱 기우는 말들을 전송합니다 수평선의 각도로 하늘이 기울어지고 아이는 칠흑처럼 어둡습니다 기다리라 해서 기다리기로 합니다 구조대가 온다고 해서 아직은 햇빛을 끄지 않겠다, 외쳤습니다

십칠 세가 일곱 살에게 구명조끼를 벗어서 입힙니다

— 어른들이 오면 우리도 어른이 될 수 있단다

이백오십의 아이들이 파랗게 질립니다 모두 늙은 거짓말이 되지 못할 것입니다 기울어지는 문을 믿기로 합니다

다급하게 문자를 남깁니다

2014년 4월 16일;

08:32
— 엄마 어떡해, 여전히 가만히 있으래.

09:42
— 배가 기울어져 자꾸만 기울어져, 기울지 않으려 애써도 안 돼, 엄마가 보고 싶어, 다시 못 볼까 봐 미리 노래해.

— 다시 침몰하는 우리를 이대로 보고만 있나여?

— 깊은 바다 속이 문을 열고 들어오고 있어요 동공은 커지고 몸은 점점 사라져요 이른은 소경과 귀머거리들뿐인가요, 소풍 가던 우리가 잊혀도 좋은 나이인지 누가 빨리 대답 좀 해줘요, 네?

오늘은 액자에서 걸어 나온 내 열아홉이 열일곱의 나에게 편지 하는 날입니다

불타는 이글루

지금 문밖은 폭설이다
그림자 하나 폭설을 헤치며 횡단보도를 건너간다

강을 건너기 전 그녀가 두 번 재주를 넘는다
꼬리를 자르기도 전에 또 생긴 꼬리
이글루 앞에 와서 세 번째 재주를 넘는다,
속치마 레이스가 뒤집힌다
허벅지를 드러낸 채 하늘하늘 날아간다
너와 내가 쌓던 시간들은 신기루였을까
지켜내지 못한 약속들이 유빙으로 떠간다

어지러운 눈송이만 읽어냈다
가령, 네 사랑이 되고 싶다던 푹푹,
눈밭에 찌른 발자국들을 가져다가 무늬를 짠 너
그날 이후 이글이글 이글루는 적막에 휩싸이고

문패를 떼어서
훅, 이름마저 불어 끈다

나는 이제 문 한 짝으로 남았다
말들의 체온은 다 식었다

문짝을 거칠게 젖힌 가건물,

눈발은 그쳤고 긴 정적이 왔다 아무 일 없었다

점자 읽는 밤

불은 젖으로 문밖에 웅크린 어미의 눈빛이
달아올라 붉은 밤,
일곱 마리 새끼가 눈에 밟혀
양푼 밥그릇에 수북한 미역국은
입에 넣지도 못한다
잇몸과 발톱에 뜯긴 젖꽃판에 피가 흘러도
다시 품고 싶은 눈빛으로 불안한 그림책 같다

어두워져도 알전구를 켜지 않는
어머니의 방 바람벽 앞에서
작은 몸들이 숨을 쉰다

낮이나 밤이나 더듬더듬 어머니가
담요 덮개를 걷어내자
붉은 고무 함지박이
강아지들의 아랫목으로 다시 꾸며졌다

체온을 나누는 어린 것들이

눈도 못 뜬 몸을 비비며
어둠 속에서 고물거린다
하늘을 막 찢고 나온 별의 새끼들 같다

차가운 어둠에서 나온
이 따뜻한 눈송이 같은 것들
개중에는 배열에서 밀려 쭈그러든 글자 같기도
검은 책을 뚫고 출토된 점자 같은 것들
눈꺼풀 없이도 더듬더듬 어머니의 손이 스치면
가지런하고 느긋해지는 어둠,

어둠을 켜놓아야만 환해지는 이 공간
혹여 빛이 새어들면 왔던 곳으로 어둠이 되돌아 갈까 봐
나는 빛을 켜지 않기로 한다

동네 가게를 두런거리며 휩쓸리던 불빛들이
어디론가 흘러들고
멀리서 바라보던 별 하나가 다가드는 밤이다

백접白蝶

　귀로 세상을 더듬던 반생, 민둥머리로 순천향병원 204호에 누워 있죠 무릎이 굳을 때까지 배추밭 고랑을 벗어나지 못했어요

　— 그만 일어나세요 엄마, 곡기를 끊는 건 더 짐이 되는 줄 모르세요? 두 평, 방의 병구완은 우리의 즐거움이에요 넉 잠밖에 못 잔 자식들의 우화를 보고 가셔야 되잖아요

　일곱 날을 굶고 잠도 버린 고치로 매달려 얻은 날개 우리 사 남매는 크고 화려한 날개를 원했지만 엄마는 자주 날개를 움츠렸어요 눈먼 어미 등에 업혀 질척한 밭고랑을 건너며 날지 못하는 날개만 원망했어요

　내 손을 더듬어 찾는 어머니,
　— 애야, 이제 그만 긴 잠을 자고 싶구나

　장다리꽃 핀 한낮의 빛에 먹먹해질 때 누군가 핀셋으로 등허리 허물을 벗기네요 지금도 어디선가 밭고랑 배추 잎

사귀에 알을 낳는 나비들, 제 배에서 떼어낸 털로 알의 이불을 꿰매고 있지요

미루나무 언덕 꼭대기에 앉은 집으로 천천히 날개를 세우는 엄마 칠월 장대비에도 엄마의 날개는 결코 젖지 않아요

오래된 그릇

 벽장 속에서 잠자던 그릇이 고봉의 쌀밥을 받고서야 식탁에 바로 앉는다

 뻐꾹 시계 소리가 한밤을 조여 올 때도 무논을 살려내지 못해 아무 말도 할 수 없었다

 오래된 그릇에는 소복한 밥 곁의 식혜 동동 뜬 쌀알보다 오래 복용했던 알약들 혹은 수면제 열세 알로 목 넘기던 막걸리 내음이 먹먹한 취기로 배어 있다

 막걸리 주전자를 논에서 놓쳤다 몇십 마지기가 주전자 몸채로 날아가 버린 날부터 슬픈 그릇은 우묵한 몸의 흔적에 아버지를 새겼다 세끼 곡기보다 한 잔 막걸리를 구걸하며 몸을 지탱하던 울음이 다시 젖먹이가 될 때, 오래 살아 있는 게 서러워 솟구쳐 익은 눈물을 감추고 도토리묵에 젓가락을 얹고 퇴주를 받았다

 당신의 희끗희끗한 눈썹이 얼마나 큰 처마였는지 이 없

으면 잇몸으로 허공이라도 밝아질까 이제 당신에게서 아무 소리 들리지 않을 때 천성이 무른 논에서 온 형의 처마 끝으로 달무리 김을 올리던 빛이 따라 들어선다

 정리한 제기祭器는 무덤처럼 고요하다 그 적막 사이로 갈색과 빨강, 검정으로 버무린 얼굴이 달그락 따라 온다 평생을 바친 농사는 이제 엎어 놓은 그릇의 공손이 되었다 모르는 듯 아는 듯 형의 그림자는 그의 그릇에 담기고, 어둠을 울던 그릇은 반 마장의 달빛을 쥔다

 주발 안의 어둠에는 곡주 향을 일으켰던 수십 마지기 논이 잠을 잔다 지붕을 넓혀 허기를 잇는 일을 생각하면 불쑥 들어 온 빛이 귓속에 쉬익, 벌레 울음을 놓고 간다

 색을 버린 테두리가 파래지다가 벌레울음에 덩달아 그릇의 귀가 밝아진다

모자母子

목련은 작은 꽃잎이 큰 꽃잎을 업고 있다

봄을 들쳐 업은 여자가 서성거린다
계절도 털갈이를 한다
금식에서 돌아온 나무들은 혈관이 가려워 눈을 뜬다
붉게 물오른 종이들,
얇아질 대로 얇아진 빼곡한 말들이 부푼다
꽃들은 환절기의 말투로
냉정하게 떨어진다

아픈 아이는 두 배로 무겁다
아가야, 아픈 곳을 업어줄게
깃털처럼 낮은 잠 한 자락과 손을 잡고
멍든 똥을 다 누거라

여자는 물의 시간으로 손톱을 길러냈다
유독 가려운 봄엔 속엣 것들 터져 나와
손톱 끝에는 달도 자라났다

27병동 안을 검진하는 달이 한밤을 긁는다
창에 걸린 아이를 비추는 이마에
목련 꽃잎이 손을 얹는다

보스스한 솜털 위로 얹히는 햇살 한 줌
눈꽃과 봄꽃의 동거,
뒤척거리며 녹는 바깥들
갈라 터진 수피가 부풀수록 수액은 바삐 떨어진다
북쪽으로 고개 돌린 가지가 바르르 떤다
목련을 감쌌던 살얼음이 녹고 있다
가지마다 날아오른 밥공기를 보렴,
창문을 밀친 아이가 휘파람을 분다

목련, 흰 피부병이 환하다

귀만 죽었다

　불빛을 눈에 넣으면 눈은 빨간 실몽당이가 된다 실몽당이에선 가야 할 노선버스의 번호가 흐려지고 귀 우리 속에서 꽃진 여자의 먼 옛날의 이야기*가 흐른다

　장례버스 타이어가 쿨럭쿨럭 신발이라도 벗겨진 듯 자꾸 돌아보았다 막내가 돌려세운 티브이 옆 영정 뒤로 빗방울이 후득였다 미루나무 위 까마귀가 귀에 대고 아주 간다고 전파를 넣었다 손안에 티브이 채널만 꼭 쥔 여자는 전파를 모른다 화면에 귀를 바짝 붙인 채 평생 눈이 되어 준 남자를 껌벅거린다

　전선에 매단 빗물을 충혈 시킨 까마귀 언 발이 다시 동동거린다 가슴 뜯으며 뒹굴던 여자를 부른다 손발이 오그라든 딱정벌레 몸을, 탈 듯한 폐와 말린 혀를 푼다

　한 사람만 응시하다 구멍이 되고 만 영정 속 두 눈이 포획 틀을 곳곳에 설치해도 애꿎은 여자의 두 귀만 먹어 치운다 여자의 귀만 화장火葬했을 뿐 척추 아래 다리 사이로 흘

러내리는 얼굴까지 가져가지는 못했다 간신히 움켜쥔 두 손으로 채널을 돌린다 짜내듯 신세계가 뛰어들었다
　— 아이고 형님, 이러시면 한 시간째 죽은 귀처럼 형님도 죽어요 아주버님은 이제 옆방에 살아 있지 않아요

　화면 속으로 드나들던 엉킨 불빛들이 꿰매진 밤을 풀었다 밤은 그 눈물로 꿰매져 있다 빛나는 방울들은 검은 파동의 뭉치에서 풀려나오고 아버지를 돌돌 감다 말고 실패를 생각한다

* 2010년 3월 16일 아버지 화장 당시, 어머니는 삼십 분 이상 고통에 다녀왔다.

아내의 마흔

활의 자세로 아내가 눕는다
타고 온 기차역 시위를 제 몸의 양 끝에 걸고
어쩌면 눈만 감고 밤을 지새우는지도 모른다
한 평의 땅도 놀리기 싫은 성격이
아내 손톱 밑에 새까만 텃밭을 분양했었다
포도와 배추밭만을 지나던 동선動線의 이정표

안 보인다
무릎과 허리, 머리의 통증을 무시하고부터
노래하는 입을 닫는 대신
얇은 귀만 편도로 열어 두었다
노래방에서도 머리와 몸으로만 크게 터진다

선명하게 보이던 과녁을 어디로 옮기고 있는지
과거로 다시 가서 찾아오라고 스스로 외쳐보지만
부재중 통화 시간,
알리바이를 가져오기에는 너무 늦었다
시위를 떠난 화살로 끝까지 달려가서

뜨겁게 만나고
가장 먼 곳으로 헤어질 때가 있었던가
닫히지 않는 괄호를 찾아 어디로 떠돌다가 왔을까
활에 부속 같던 시위 사이
무엇이 점점 느려지게 만드는 걸까

언젠가 내가 와 본 마흔이라는 반환점
지금까지 뛰어온 거리만큼
우울한 부리로 밤새 아내를 쪼아
눈물조차 맑게 널린 빨랫줄의 마당으로 날아가면
나머지 괄호를 닫아줄 그 여름날
빛 웅덩이 같은 것,
물고기들이 하늘을 날아다니는
세계의 비밀 같은 곳

모든 인간이 갚아야 할 빛의 괄호들,
느슨해진 고무줄처럼 놓치겠지
놓칠 거야

먹구름 온 후

　아미에 경직이 오면 건너편 상가喪家에 걸려 있던 구름이 현관 앞이나 창문에서 여자를 들여다본다 몇 달은 어느새 십여 년이 흐르고 여자의 눈과 가슴에서 비를 보는 구름 열어 둔 그림 속으로 거울 보듯 들어간다

　십수 년 공들여 그렸던 벽에 걸어둔 시간, 여자가 그 그림들을 떼어낸다 다섯 해 주기로 찍은 가족사진도 돌려 걸고 전화기 코드마저 빼낸 후 춥고 작은 방에서 혼자 울고 있다

　즐비한 약(후라시닐, 아자프린, 소론도, 큐란, 람노스 캡슐, 펜타사, 사이톱신) 상자를 열어 아침 식사를 차린다

　돌아앉아 숨죽이던 구름이 흘러나와 우리 안에 갇힌 작은 방엔 빗물이 고인다

　이미 늙어 눈꺼풀 닫아본 적 없는 여자, 그녀 속에서 걸어 나와 식탁 위 소주병을 치운다 타일의 묵은 때를 흘겨보

다 오래 켜두었던 슬픔의 질긴 부분을 도마 위에 올린다 울음이 새 나가지 못하게 수돗물이 흐느끼게 둔다 빈 도마를 수돗물로 닦고 닦고 또 닦아낸다

　하나의 몸속에 그림 여럿 들어오느라 늘 고통스럽다

　그림과 가족사진, 벽에다 다시 내어 걸자 그림 밖으로 날아가는 구름

　시름으로 배를 불린 구름, 모자를 던지듯 어렴풋해지고 일곱 살 적 마음으로 돌아간 여자가 문설주에 피를 바르느라 다시 붓을 꺼내 든다

手巾

한 맘으로 비를 피했던 복사 벌 기행에서
호박엿 하나 물고 소독차 꽁무니 연기 빼닮은
물안개를 좇은 흔적 있다 한 자락 수건 쓴 적 있다
우산이 되었던 현수막의 긴 주름에서
어머니의 헌 皮가 만져졌다

빗방울 머금은 꽃,
그 꽃 꼭 쥐고 와서 봉투 흔들어 쏟았다
산 소독을 끝낸 물안개
머리 감싼 하얀 망울들 차창에 슬며시 차려놓을 때
유독 허리 휘도록 김매는 꽃
쏘―옥 올라온 풀숲 도라지 망울
오각으로 수건을 접었다
두른 수건 풀어 흔드는 콩밭이거나 배추 고랑 위
파밭만 두고 비탈 산 따라 굽은 허리 바라본 수건이다,
도라지꽃은

밤을 지새운 비의 젖은 발

등이 휘는 바람 속에서 흙빛이 쏟아진다
자다 깰 때와 다른 잃어버린 보라의 나라
열 마지기 논 걷어가 귀 닫게 하고
흙탕물 걷으며 눈 닫게 한 장맛—비,
오각형으로 펑— 펑— 터지고 있다 도라지꽃 피고 있다
한 방울 눈물 못 만드는 어머니 울음 되었다
나락 끝에 찔린 눈
나락을 끌어들인 먼눈의 꽃술 되었다
산山마다 나무는 뽑히고 국수— 집 나온 연기와
물안개 속
벗겨내도 벗겨지지 않는 아린 뿌리 가시 눈[眼]으로
닫히었다

마주 보다 따라 왔던 큰— 물을 닦고 간다
아우라지* 색色 백도라지

* 송천과 골지천이 만나 아우러져 강을 이루는 곳이라 하여 아우라지라 불리는 정선 아리랑가사(임을 기다리는 처녀상)의 유래지.

임은주의 시세계

애도의 심연을 건너가다

고봉준

임은주의 시세계

애도의 심연을 건너가다

고봉준
(문학평론가 · 경희대 후마니타스칼리지 교수)

> 사랑하는 사람이 죽으면 우리는 그의 죽음에서 우리 자신의 죽음을
> 미리 맛볼 뿐만 아니라, 어떤 방식으로든 그와 함께 죽는다.
> — 베레나 카스트, 『애도』 중에서

임은주의 시는 '애도'한다. 소중한 누군가가 죽었을 때, 그리하여 자신의 리비도가 대상을 온전히 상실했을 때, 인간은 타인의 죽음과 함께 자신의 죽음을 앓는다. 이 죽음은 의지의 바깥에서 다가와 우리의 일상을 집어삼키므로 '경험'이라고

말할 수 없다. 롤랑 바르트는 이것을 "꼼짝도 할 수 없는 상태, 그 어떤 방어수단도 없는 상황"이라고 썼다. 이처럼 소중한 존재의 죽음과 함께 들이닥치는 죽음은 일상적 질서를 중단시킨다는 점에서 경험의 불가능성 자체에 대한 경험이고, 그런 한에서 그것은 '경험'보다는 '죽음'에 더 가까운 어떤 것이다. 따라서 애도는 '부재'나 '결핍'을 껴안고 사는 삶이라고 말할 수 있고, 시인은 이 불가능성에서 벗어나기 위해 쓴다. 애도의 언어는 상실의 경험이나 그로 인해 발생하는 슬픔의 표현이기보다는 그 고유한 슬픔을 언어로 표현할 수 없다는 무능력함의 고백, 그럼에도 불구하고 그것을 반복함으로써 언어화하려는 모순적인 의지의 산물이다.

갈 곳 없는 마음과 형언할 수 없는 슬픔이 상실에 대처하는 첫 번째 반응이라면, 애도의 언어는 '언어=표현'을 통해 상실을 견딜 수 있는 것으로 전환시키려는 두 번째 반응이라고 말할 수 있다. 소중한 것을 상실한 후 일정한 시간이 지나고 나면 사람들은 무언가를 말하거나 기록하려는 태도를 보인다. 그것은 발화, 즉 언어화를 통한 애도를 거쳐야만 그 상실의 시간에서 빠져나올 수 있기 때문일 것이다. 하지만 임은주의 시편들이 그렇듯이, 이러한 언어화 작업은 단기간에 끝나지 않음으로써 반복의 양상을 보인다. 그것은 실패, 즉 언어화를 통한 애도가 쉽게 종결되지 않는다는 의미이다. 애도에는 한 가지 역설이 존재한다. 그것은 애도의 성공이 곧 애도의 실패이고, 애도의 실패가 곧 애도의 성공이기 때문이다. 애도에 성공한다는 것은 죽은 존재에게 투사했던 리비도를 모두 회수함으로써 상실 이전의 일상을 회복한다는 것을 의미하지만, 그것은 자신의 헌신적인 사랑에 대한 배신이라는 점에서 실패이다. 반대로 죽은 존재를 끝내 잊지 못하는 것은 애도의 실패이지만, 그것은 사랑했던 대상에 대한 충실함과 헌신이라는 점에서는 성공이다. 철학자 자크 데리다는 이러한 애도의 역설을 '애도에 성공하기 위해서는 실패해야 한다'는 말로 표현했다.

솜털에 싸인 어린 포도알이 나무의 배 안에 있었을 때 농약 입자에 컴컴하게 저물어버린 아버지 그 그늘을 딛고 갈수록 탐스러워지는 포도알들

진한 보르도액에도 흰 가루 벌레가 구멍 속에 알을 낳아 캄캄한 구멍 밖으로 쏟아져 내린 포도알들, 석회황합제 시기를 놓친 잎사귀가 입덧으로 하얗게 떨어졌다

아픈 포도산이 빠져나간 자리에 포도당이 주입되고 침상에 묶여 혀에서부터 흰가루병이 번져 기침을 할 때마다 거즈에 묻어나는 백색 입자들, 오므린 배 옆으로 냈던 장루는 묶음 풀린 바람의 흉터로 남고 소변이 홍건한 침대보를 세 차례 갈

아입히며 간밤에 수많은 별을 보내고도 가지런한 크리스마스의 아침

   백화 핀 언덕에 안개크림을 바르며 오빠가 말했다
   ― 언덕배기 포도밭은 집터 위 공장장 이 씨 손에 넘어간단다

   뿌리가 약한 아버지를 어느 요양원에 심겨드려야 하는지 바람 든 잇몸을 놓치고 깊숙한 서랍에서 잠든 틀니처럼 포도밭 고랑에는 이미 기름 묻은 녹물이 둥둥 떠다닌다.

   포도나무가 제 몸의 빛을 모으려고 진통하는 밤 분무 안개에 흠뻑 젖은 두 발목을 포도밭에 심고 아버지는 휴면에 들어갔다

   포도송이로도 빛날 수 없었던 시간들이 수만 평 밤하늘에 주렁주렁 거꾸로 매달릴 때마다 한별, 또 한별의 고른 치열로 뿌옇게 빛나는 은하

   ― 아가 조금만, 조금만 더 노래를 불러주렴 넝쿨손들이 목책을 훌쩍 뛰어넘는 밤이야, 흰 돌 박힌 눈을 씻어 낼 어둠이 없었다면 애써 별들의 죽은 휴면을 어떻게 흔들어 깨우겠니?
      ―「별은 그렇게 태어나는 거란다」전문

임은주의 시에서 '포도원'은 원형적 세계이다. 그곳은 어머니와 아버지가 노동을 통해 일군 세계이고, 자신을 포함한 가족 모두의 실존이 응축된 세계이다. 하지만 지금 그 원형적 세계는 사라졌다. 임은주의 시는 이 해체된 원형적 세계에 대한 애도, 즉 "포도원지기의 부친과 포도월이 몽땅 사라진 허무의 이야기"이자 "실패한 포도원의 노래"(「사라진 포도월」)라고 말할 수 있다. '포도'는 인류의 역사에서 생명의 상징으로 간주되었다. 메소포타미아 문명에서는 포도나무가 '생명의 풀'이라는 의미로 쓰였고, 수메르 문명에서도 '생명'을 뜻하는 문자는 포도 잎 모양이었다. 하지만 임은주의 시에서 '포도'는 사라진 세계의 기호로 쓰이고 있으며, 시인은 이 퇴락 과정을 어머니, 아버지가 늙고 병들어 죽음을 향해 나아가는 모습을 통해 형상화한다. "스무날의 첫 연인은 포도원지기였네"(「사라진 포도월」)라는 진술처럼 '포도원'은 오랜 옛날부터 이들 가족의 터전이었다. 그러나 어느 날 그 세계의 중심인 아버지가 "농약 입자에 컴컴하게 저물어버"(「별은 그렇게 태어나는 거란다」)리는 사건이 발생한다. 아버지는 "겨울 포도원에서 온몸을 뒤튼 채 병원으로 실려"(「이사」)왔고, "오므린 배 옆으로 냈던 장루는 묶음 풀린 바람의 흉터로 남고 소변이 흥건한 침대보를 세 차례 갈아입히며"(「별은 그렇게 태어나는 거란다」)라는 구절처럼 화자는 그런 "뿌리가 약한 아버지를 어느 요양원에 심겨드려야" 할지 고민한다. 그리고 "한 사람만 응시하다 구멍이 되고 만 영정 속 두 눈이 포획 틀을 설치해도 애꿎은 여자의 두 귀만 먹어 치운다"(「귀만 죽었다」)라는 진술에서 암시되듯이 아버지는 끝내 영원한 "휴면"에 든다. 시인에 따르면 아버지는 "십일조 모으듯 열 밤이 지난날/ 수면제 열 몇 알과 한 대접 막걸리 털어 넣고/ 도토리처럼 잠"(「묵을 보면 받들고 싶어진다」)이 들었다.

　아버지의 '휴면'으로 시작된 포도원의 몰락은 "언덕배기 포도밭"이 타인의 손에 넘어감으로써 돌이킬 수 없는 상태에 이르렀다. 시인은 한 개인의 죽음을 넘어 가족 전체, 하나의 세계가 닫히는 이 뼈아픈 체험을 '별'의 탄생과정으로 형상화하고 있다. 시인은 밤하늘의 '빛나는 은하'에서 "포도송이로도 빛날 수 없었던 시간들"을 발견한다. 이것은 포도알들이 아버지의 '그늘'을 믿고 익었듯이, 새로운 생명은 누군가의 죽음을 배경으로 탄생한다는 우주적 질서에 대한 인식이다. 이 인식에 따르면 '별=빛'의 배경인 한에서 '밤=어둠'은 결코 온전히 부정적인 것만은 아니다.

　　엄마를 빠져나온 여섯 얼굴들, 요강 둘레에 다 모여 앉았네
　세상을 등진 두 오빠도 둥둥, 방 안 가득 떠다니는 지린내를
　지우려 복숭아 통조림을 팡팡 따네 엄마 입속에 물컹한 살점
　한 수저 들어가네

엄마를 혼자 둔 채 일 나갔던 날 반경 일 미터도 안 되는 문간방과 화장실 사이, 엄마 손을 노끈으로 연결했네 빈집에서 변소 찾아 헤매던 엄마, 온몸에 노끈을 친친 감고 장롱 서랍 열고 오줌을 누셨네

― 나는 옆집 아줌만데요, 옷소매 푹 젖은 이 사람은 누구?

내 목소리를 더듬던 엄마

― 아녀, 안 속는다, 니가 막내지, 누구여!

엄마는 정신줄 돌아온 귀로 사람을 읽어내는 것도 잠시다

― 우리 둘째도 이제 서른이여!

오십 줄 작은 오라비 걱정이 서른에서 멈췄다 서랍 속 기억이 푹 젖는 동안 코를 움켜쥐는 손들, 서랍이 아주 어긋났다고 열리지 않는 엄마, 복숭아조각을 오물거리던 입에서 죽은 두 오빠가 튀어나오네, 검버섯 뒤덮인 엄마가 다시 덜컹거리네 아아, 복숭아 시취는 둥둥

―「복숭아 향기는 둥둥」 전문

원형적 세계의 몰락을 알리는 또 다른 징후는 '엄마'의 노화와 질병이다. 임은주의 시에서 '엄마'는 시력을 잃은 존재로 등장한다. "노모의 손목에 매어 둔 노끈이 힘없는 검은 줄기로 변소를 헤매던 오후"(「답장 사이로」), "엄마의 눈을 빼내 간 할머니"(「오솔길에 흰 자작나무」), "오래전 눈의 초점을 잃은 엄마"(「폭설은 어쩌면 흰 뼈」), "혼탁한 홍채"(「봄밤의 세수」), "달빛 속, 눈먼 노모가 하얗게 서 있다"(「즈믄」), "어머니는 앞을 잃었다"(「파밭으로 너울너울」), "어두워져도 알전구를 켜지 않는/ 어머니의 방"(「점자 읽는 밤」), "이미 늙어 눈꺼풀 닫아본 적 없는 여자"(「먹구름 온 후」) 등처럼 시인은 시력을 상실한 엄마의 상태에 대한 진술을 강박적으로 반복하고 있다. 이 반복의 강도強度는 엄마에게 투사된 시인의 리비도에 비례하는 듯하다. 시인은 자신을 포함한 '여섯 얼굴들'이 "엄마의 뼈를 먹고 어른이 되었다"(「멸치들은 어른이 되고」)라고 진술하고 있는데, 이는 '노모', 즉 늙어버린 엄마에 대한 시인의 감정적 상태를 단적으로 보여준다. 자녀들에게 뼈를 내어준다는 것, 그것은 "새벽 동안 만든 찬은 자식 입에 다 들여보내고 찬 오이지 물에만 밥을 말다 오그라든 엄마"(「오이지」)라는 표현에서 알 수 있듯이 희생과 헌신의 과정이라고 말할 수 있다. 그런 엄마가 지금 "귀로 세상을 더듬던 반생, 민둥머리로 순천향병원 204호에 누워 있"(「백접白蝶」)다. 시인에게 엄마의 삶은 "더듬더듬 시린 손끝을 운 엄마도 텅 비었고"(「오령五齡」)라는 표현에서 암시되듯이 '누에고치'의 상태를 연상시킨다.

 엄마가 상실한 것은 시력만이 아니다. "자꾸 기억을 놓치는 노모"(「아버지를 지우다」)라는 표현처럼 '노모'는 기억을 잃어버렸다. 「복숭아 향기는 둥둥」은 시력을 상실하고 치매를 앓고 있는 노모를 보호하기 위해 자녀들이 그녀의 손에 노끈을 묶어 놓았음을, 그럼에도 불구하고 노모가 화장실을 찾아 헤매다 "장롱 서랍 열고 오줌을" 눈 사건을 시화詩化하고 있다. 노모의 기억 속에서 둘째 오빠는 '서른'에서 성장을 멈췄다. "네 아버지가 왜 죽어, 저기 아랫목에 길게 누워 있구먼"(「아버지를 지우다」)이라는 진술처럼 그녀의 세계에는 죽은 아버지가 여전히 현존하고 있다. 마찬가지로 시인의 기억 속에선 "엄마는 대야에 밥을 이고, 나는 막걸리 주전자를 들"(「단지」)고 있다. 시인의 유년, 그 아름답던 기억의 세계에는 '포도원'과 '파밭'이 있고, 그 밭을 일구던 아버지와 어머니가 존재한다. 하지만 시간이 흘러 그들은 늙고 병들었고, 그와 더불어 그 세계로 들어가는 문은 영원히 닫혔다. 이제 "노모의 포도밭 이랑에 젖은 꽃들이 불어난 물에 둥둥 떠내려"(「담장 사이로」)간다. 시인은 청력을 잃어버린 아버지와 시력을 상실한 어머니가 서로 의지하며 산 말년의 생애를 "아내는 남자의 귀가 되어 반평생 전화를 대신 받았네/ 남자는 아내의 눈이 되어 전화번호를 대신 눌렀네/ …(중략)…/ 귀가 눈이 되고/ 눈이 귀가 되는,/ 동박새 한 쌍"(「동박새 한 쌍」)라고 노래한다. 현실세계의 아버지, 어머니는 늙고 병들어 남루한 존재가 되었다. 아버지는 '장루'를 차고 투병하다가 사망했고, 어머니는 시력을 상실하고 치매를 앓고 있다. 하지만 기억의 세계에서 그들은 여전히 한 어린 생명의 든든한 배경으로 현존하고 있다.

   이처럼 기억의 세계와 현실이 불화할 때, 특히 현재보다 기억의 세계가 따뜻하고 아름답게 느껴질 때, 인간의 내면은 현재를 부정하고 기억을 긍정하려는 경향을 띤다. '멸치'를 보면서 "엄마의 뼈를 먹고 어른이 되었"(「멸치들은 어른이 되고」)음을 떠올리는 장면, '나무'와 '새'와 '수평선'이 어우러진 봄 풍경을 '가족'(「오월, 오동도」)으로 인식하는 장면, "현수막의 긴 주름"에서 "어머니의 헌 皮"(「手巾」)를 읽어내는 감각 등은 현실보다 기억의 힘이 강력함을 보여준다. 「아버지를 지우다」에서 이러한 기억의 세계는 "경대 속", 즉 거울 속의 세계로 말해진다. "거울은 과거로 열린 문"이어서 그 속에는 화자의 아버지와 "일곱 살 어린 발자국소리"가 공존하고 있다. '일곱 살'의 시간은 아버지가 "일곱 살 덜 여문 머리를 콩, 쥐어박으며/ 바지 호주머니에서 꺼낸 도토리 몇 알"(「묵을 보면 받들고 싶어진다」)과 연결되면서 하나의 원형적 시간으로 자리 잡는다.

    그는 차디찬 쇳덩이로 돌아갔다
    움직이지 못할 때의 무게는 더 큰 허공이다
    돌발적인 사건을 끌고 온 아침의 얼굴이

피를 묻힌 장갑이 단서를 찾고 일순 열 손가락이 긴장한다
여기저기 흩어져 있던 망치와 드릴이 달려들어
서둘러 몸을 빠져나간 속도를 심문한다
평생 기름밥을 먹은 늙은 부검의와
주인 앞에 놓인 식은 몸을,
날이 선 늦가을 바람과 졸음이 각을 뜨는 순간
그의 흔적이 남아 있는 진흙탕과 좁은 논둑길이 나타난다

미궁을 건너온 사인死因에 집중한다
붉게 녹슨 등짝엔 논밭을 뒤집고 들판을 실어 나른
흔적이 보인다 심장충격기에도 반응이 없는 엔진
오랫동안 노동에 시달린 혹사의 흔적이 발견되고
탈, 탈, 탈, 더 털릴 들판도 없이
홀로 20,000km를 달려 온 바퀴엔
갈라진 뒤꿈치의 무늬가 찍혀 있다

가만히 지나간 시간을 만지면
그 속에 갇힌 울음이 시커멓게 묻어나온다
소의 목에서 흘러나온 선지 같은 기름이 왈칵 쏟아진다
임종의 안쪽에는 어느새 검은 멍이 튼튼히 자리 잡았다
길이 간절할 때마다 울음이 작동되지 못하고
툴툴거린 흔적이다

죽어도 사흘 동안 귀는 열려 있다는 말을 꼭 움켜쥔
얼굴의 피멍이 희미한 눈빛부터 쓸어내렸다

이제 습골拾骨의 시간이다
정든 과수원 나무들이 마지막 악수를 청했는지
뼈마디마다 주저흔이 보인다고
기름 묻은 손이 넌지시 일러주었다
　　　　　　　―「경운기를 부검하다」 전문

　임은주의 시는 '포도밭'으로 상징되는 가족적·원형적 세계에 바치는 문학적 애도이다. 그녀의 시에서 '가족'은 현실세계를 흡수하는 구심력으로 작용하지만, 다른 한편으로 그것은 사물, 또는 타자에게로 리비도가 확장되는 원심력의 매개로 기능하기도 한다. 특히 후자의 경우, 시인의 시선은 낡은 사물, 주변적 존재, 상처받은 인간의 내면 등 현실세계의 가장자리에 존재하는 것들에 집중되고 있다. 인용시에 등장하는 '경운기'가 대표적이다. 시인은 "돌발적인 사건" 탓에 "차디찬 쇳덩이"가 되어 버려진 경운기를 발견했다. 그리고 다음 순간 "피를 묻힌 장갑"이 단서를 찾고 "망치와 드릴"이 달려들어 경운기를 수리하는 장면을 상상한다. 이것이 상상으로 구성된 장면인지 실제 수리 장면인지는 중요하지 않다. 중요한 것은 시인이 사고가 난 경운기를 수리하는 장면을 검시관이 시체를 '부검'하는 장면과 겹쳐놓고 있다는 점이다. 그는 "차디찬 쇳덩이"가 되어 멈춰버린 경운기에서 '죽음'을 읽은 것이다. 움직이지 않는 경운기가 생명을 잃어버린 '시체'로 간주되는 비유체계 속에서 시인의 관심은 이제 그것의 내면으로 향한다. 요컨대 "늙은 부검의"에게는 "미궁을 건너온 사인死因"이 중요하겠지만, 시인에게는 경운기의 신체에서 묻어나는 시커먼 '울음', 거기에서 흘러나오는 "선지 같은 기름", 그 "속에 갇힌 울음"과 "검은 멍" 같은 삶의 흔적이 한층 중요하다. 이러한 시선으로 바라볼 때 '경운기'는 실용적 용도를 지닌 사물이 아니라 그 이상의 의미를 갖게 된다.

이처럼 임은주의 시는 가족적 세계를 관통하여 낡은 것, 연약한 것, 그리고 주변적인 것에로 관심을 확장해 나간다. 그것은 "잘려 나간 포도나무 가지"를 "두툼한 온기로 어린것 어르듯 나뭇가지를 추"(「이사」)스르는 아버지의 태도가, 그리고 시력을 잃어버린 상태에서도 "일곱 마리 새끼"(「점자 읽는 밤」) 강아지를 정성스럽게 보살피는 어머니의 태도가 시인에게로 이어져 타자적 존재에 대한 윤리를 만드는 과정처럼 보인다. 그리하여 시인이 "행사장 밖으로 던져진 꽃다발"(「버려진 꽃다발을 안다」)에 손을 내밀 때, 그것은 결코 우연한 행동처럼 보이지 않는다.

태어난 병원에서 퇴원해 본 적 없는 어린 것들이 겁먹은 불

안에 익어버린 두 눈으로 제 부모의 심장으로 근심을 던진다

　7월의 구름만큼 몽글몽글한 장을 15센티 잃은 갓난아이, 제 부모 식사 시간엔 견뎌내는 얼굴로 지켜보아 주지만

　몸을 건드려 주렁주렁한 기구들을 갈아 줄 땐 이상스런 악을 써대며 달려오는 계모처럼 병원의 밤을 한낮으로 뜨겁게 달구기도 한다

　5년 전에도 10년 전에도 17년 전에도 아이들은, 업어줄 때에야 그친 울음 끝에 색색거리는 숨소리로 잠에 든다

　1번 침대에서 6번 침대까지 공평하게 업어주고 싶지만 누워만 사는 아이들은 어느 시기에나 목을 못 가눈다

　매미만큼만 큰 울음이 소원인 여섯 살 의종이도 60센티의 키와 종잇장 목소리로 목을 못 가누고 바라만 본다 간幹 이식 치료 후 업어 달라 했지만 2주일을 채 못 버텼다

　가난보다 무서운 병 앞에서의 부축은 병이 빼앗아간 식사를 이웃과 나누어 쓰는 시간이 식사다

친자매보다 더 많은 정보가 오고 가는 울타리를 걷어 낸 병실, 충혈된 어미의 눈 속 개인 감옥만 깊어간다

— 「부축」 전문

시인의 관심이 '가족' 바깥으로 확장되면 '애도'의 언어는 '연대'의 몸짓으로 바뀐다. 시인에게 '연대'는 무엇보다도 고통과 슬픔의 연대인 듯하다. "벙어리로만 살아야 하는 사람들"(「사각지대」), "아픈 아이"(「모자母子」)가 그렇듯이, 시인은 고통을 앓고 있는 존재들을 목격할 때마다 손을 내민다. 인용시에서 시인은 "태어난 병원에서 퇴원해 본 적 없는 어린 것들"을 대면하고 있다. 왜, 어떤 이유로 그녀가 아이들이 치료받고 있는 병동에 머물고 있는지는 알 수 없다. 다만 "5년 전에도 10년 전에도 17년 전에도"라는 표현에서 우리는 그녀와 아픈 아이들의 대면이 우연적이거나 일시적인 경험이 아님을 짐작할 수 있을 뿐이다. 이 시에서 시인은 '부축'이라는 단어에 새로운 경험적 의미를 부여하고 있다. '병' 앞에서 '부축'이란 "병이 빼앗아간 식사를 이웃과 나누어 쓰는 시간"이라는 규정이 그것이다. 알다시피 병실은 종종 "친자매보다 더 많은 정보"를 주고받는 '울타리' 없는 공간으로 경험된다. 특히 질병의 정도가 심각하여 오랜 투병 시간을 필요로 할 때, 환자는 물론 보호자들 사이에 감정적 유대가 형성되는 경우가 흔하다. 누군가가 곁에 있다는 것, 그리하여 혼자가 아니라는 느낌이야

말로 고통과 슬픔에 처한 사람들에게 가장 필요한 것이다. 이처럼 타인의 삶에서 슬픔의 흔적을 읽어내고 그것을 향해 손을 내밂으로써 임은주의 시는 '연대'의 가능성을 타진한다. 그리고 '어둠'이 '별=빛'의 배경이었듯이, 이 '연대'의 리듬 속에선 슬픔이 오직 슬픔으로만 경험되는 것은 아니다. 이 시집에 수록되어 있는 '세월호' 사건에 관한 시편들이 그 단적인 증거일 것이다. 고통과 슬픔의 연대가 모든 고통과 슬픔을 없애주지는 못하지만 타인의 고통과 슬픔에 도달하려는 몸짓, 그 태도야말로 진정한 시의 윤리일 것이다.

| 임은주 |

김포에서 출생했다. 한국방송통신대 국문과를 졸업했고, 중앙대 예술대학원 문예창작 전문가 과정을 수료했다. 2009년 부천신인문학상을 수상하였고, 동작문화학교 문학반 동인으로 활동했다. 『시와 표현』으로 등단하였으며, 2019년 『무등일보』 신춘문예 시 부문에 당선되었다. 현재 부천 신인문학상 운영위원, 한국작가회의 부천시인 회원과 부천작가 편집위원으로 활동 중이다.

이메일 : limeunju98@naver.com

사라진 포도월 ⓒ 임은주
―――――――――――――――

초판 인쇄 · 2020년 12월 1일
초판 발행 · 2020년 12월 4일

지은이 · 임은주
펴낸이 · 이선희
펴낸곳 · 한국문연

서울 서대문구 증가로 31길 39, 202호
출판등록 1988년 3월 3일 제3-188호
대표전화 302-2717 | 팩스 · 6442-6053
디지털 현대시 www.koreapoem.co.kr
이메일 koreapoem@hanmail.net

ISBN 978-89-6104-276-5 03810

값 10,000원

＊ 잘못된 책은 바꾸어 드립니다.

* 이 도서는 「2020년 부천시 문화예술발전기금 지원사업」으로 발간되었습니다.

이 도서의 국립중앙도서관 출판시도서목록(CIP)은 서지정보유통지원시스템 홈페이지(http://seoji.nl.go.kr)와 국가자료공동목록시스템(http://www.nl.go.kr/kolisnet)에서 이용하실 수 있습니다.
(CIP제어번호: CIP2020050320)